Ich wurde 1980 in Königs-Wusterhausen bei Berlin geboren, lernte Bootsbauer und Sozialhelfer. Doch arbeitete ich unter anderem auch schon in Norwegen und Kanada auf Huskykennels mit über 100 Hunden. Dort leitete ich als Guide Sommer- und Wintertouren in die Wildnis. Wenn ich nicht gerade mit meinen eigenen Huskies oder dem Rucksack unterwegs bin, male ich an fröhlich, farbigen Ölbildern. Momentan lebe ich mit meinen Hunden und meinem Mann in Norwegen, Hovden i Setesdal.

In Gedenken an meine Sharon, die kurz vor Fertigstellung dieses Buches gestorben ist.
Du hast mich so lange auf meinen Wegen begleitet, ich habe so viel von dir gelernt.

Run free and wild

Ich liebe dich

Sabrina Mielke

Von Alltag bis Wahnsinn

Und dem Leben mit Schlittenhunden

Bibliografische Information der Deutschen Nationalbibliothek:
Die Deutsche Nationalbibliothek verzeichnet diese Publikation in der
Deutschen Nationalbibliografie; detaillierte bibliografische Daten sind im
Internet über http://dnb.dnb.de abrufbar.

2. korrigierte Ausgabe
© 2015 Sabrina Mielke

Autor: Sabrina Mielke
Fotos: Sabrina Mielke
Herstellung und Verlag: BoD – Books on Demand, Norderstedt

ISBN: 978-3-7386-1261-5

Inhaltsverzeichnis

Prolog

Wer bin ich und warum? Eine allseits beliebte Frage, deren Lösung so manch einem von uns Kopfzerbrechen und schlaflose Nächte beschert. Aber eine Grundlage unseres Strebens.

Ich bin in Ostberlin groß geworden, als kleines schüchternes Mädchen, das dadurch so manche Prügel einsteckte. Damals als Kind ist es meist das größte Bestreben dazuzugehören, nicht anders zu sein! Aber ist dies erstrebenswert? Inzwischen weiß ich, okay, ich bin anders, irgendwie, und das ist auch vollkommen gut so. Wobei das auch immer eine Frage des Blickwinkels ist, was für einen anders ist.

Zurzeit lebe ich mit meinem Mann und vier Siberian Huskies in Norwegen und darf einen lieben Kreis „Anderer" meine Freunde nennen. Welche, die genauso verrückt und durchgeknallt sind wie ich und meinen Lebenserhalt und Glück darstellen.

Meine Freunde sind auch die, die mich zu diesem Buch angeregt haben, das sie jetzt lesen können, oder müssen. Wie auch immer sie dazu gekommen sind. Wenn es passt, lesen sie es bis zu Ende, wenn nicht kann man es sicherlich gut als Brennmaterial oder auch wenn ein Stuhl kippelt benutzen. Oder schenken sie es an Freunde, die sie mögen oder auch nicht. Ganz wie sie es wollen.

Aller Anfang

Ich bin ein 1980 geborenes Kind, das die Maueröffnung 1989 von der Ostseite her miterlebte. In meiner Kindheit gab es weder Computer noch Handys. Das Telefon stand in der Mitte des Dorfes in Form einer großen gelben Telefonzelle. Da ich außerhalb Berlins im Wald wohnte, wuchs ich inmitten von Tieren und Bäumen auf. Wenn man mich suchte, fand man mich meist irgendwo auf einem Baum sitzend. Dies war dann mein Spielzimmer. Zudem segelte ich leidenschaftlich gern und werkelte schon früh an allem Möglichen herum, was wohl auch ziemlich typisch für den Osten war. Dies war natürlich die Grundlage später zum Berufswunsch eines Bootsbauers. Dazu musste ich aber einige Hürden nehmen. Zum einen, eine Firma zu finden, die bereit war, auch eine Frau anzustellen und dann, zum anderen, dass man in Monatsblöcken ins Internat musste. Dies lag in Travemünde auf dem Priwall, was schon die meisten abschreckt. In meinem Fall aber bedeutete es, zwischen Automechanikern, Dachdeckern, Segelmachern und Bootsbauern als einziges Mädchen rumzuspringen. Ich kann nur dazu sagen: Das härtet ab. Nach dreieinhalb Jahren ist man nicht mehr allzu schnell aus der Fassung zu bringen. Wobei ein späterer Job da wohl noch locker einen drauf setzte. Denn da leitete ich für knapp sechs Jahre eine Bootsbau – Tischler- Werkstatt mit bis zu 50 Männern aus sozial benachteiligten Verhältnissen, wie man es „politisch korrekt" nennt. Das heißt, ich stand da und musste Aufträge und Material beschaffen, Rechnungen und Berichte schreiben, Maschinen reparieren, die ich vorher nie von innen gesehen hatte, und mich um die bunte Truppe von 50 Männern aus allen Berufssparten kümmern, die oft eher das Hobby hatten, ihrem Gegenüber eine neue Gesichtsstruktur einzuprügeln. Hinzu kamen Drogen und Alkohol bei ihnen in Unmengen. Alles, womit ich bisher nichts zu tun hatte und nun als kleine blonde Frau quasi hineingeworfen wurde. Learning by Doing und das aber auf die harte Tour. Dort lernte ich mich wirklich zu behaupten und durchzusetzen. Wenn aber nach einer gewissen Zeit immer eine Struktur drin war, hatte es eine eigene Bewegung. Viele kamen zur Arbeit, weil es ein Stück Zuhause, eine Art Familie war, was sie vorher nie hatten. Schade war oft nur, dass meist alle ¾ Jahre eine neue Truppe als Maßnahme kam und man quasi wieder bei null anfangen musste. Und auch wenn es zurückblickend eine der härtesten Zeiten in meinem Leben war, möchte ich doch auch nicht einen Tag davon vermissen. Ich liebte meine Werkstatt und sorgte mich um „meine" Jungs. So viel wie in dieser Zeit habe ich noch nie gelernt. Die Werkstatt musste leider geschlossen werden, nachdem das Gelände an einen neuen Besitzer ging und dieser Eigenanspruch stellte. Es brach mir das Herz. Bis heute müssen alle meine Freunde sich immer wieder die Geschichte anhören: „Damals in meiner Werkstatt..."

Zurück zu der Zeit in der Berufsschule. Nun muss man erwähnen, dass das Völkchen der Bootsbauer schon ein wenig außergewöhnlich ist. Was genau bedeutet, dass es viele von Ihnen für kurz oder lang ein wenig in die Welt hinauszog. Auch ich, begeisterter Leser von Reiseliteratur, in denen Menschen auf aller Art und Weise die Welt erkundeten, zog es hinaus. Natürlich zum Schrecken meiner Eltern.

In ihren Augen natürlich stand fest, dass ihr kleines Mädchen, die einmal um den Erdball herum wollte, mindestens von einem Tier wie Bär, Wolf, Krokodil oder Schlange gefressen würde. Weil natürlich ihr kleines Mädchen es auch noch vorzog, die gesamte

Zeit im Zelt zu leben. 2000 war es dann soweit, der Rucksack war gepackt, Survival-Bücher nochmal verschlungen und ein großes Päckchen Flugtickets in der Hand.

Der grobe Trip bestand aus Kanada, Alaska, USA, Neuseeland, Australien, Singapur und zurück. Alles sehr große Länder, so dass ich nicht wie andere, viele Länder in meinen „Round the World Trip" nahm, sondern stattdessen viel Zeit in die einzelnen Länder steckte.

Nicht dass ich danach irgendwie fertig war und brav in den Alltag zurückkehrte. Nein, danach war ich fertig, um nie wieder in ein sogenanntes „bürgerliches Leben" zurückzukehren. Oder sollte ich „normales" sagen? Aber dann haben wir ja wieder so eine Definitionssache aufgeworfen. Danach kehrte ich nach Kanada zurück und wurde endgültig vom sogenannten „Huskyvirus" infiziert. Da aber die Immigration nach Kanada ein doch größeres Problem darstellt und es auch nicht gerade um die Ecke liegt, entschied ich mich später für Norwegen, wo ich ein Arbeitsangebot bekam. Was zwar schlussendlich erst im zweiten Anlauf nun für länger sein sollte, aber dazu später mehr.

Erster Eintrag ins Tagebuch

Auf den ersten beiden Seiten beginnt mein Tagebuch mit zwei Gedichten, die eine wunderbare Einleitung auf dieses Buch und mein Leben geben. Dies möchte ich ihnen nicht vorenthalten und sie ein wenig einstimmen.

Ist es das mit dem Traum und dem Traumland,
nicht etwas Neues zu finden, sondern etwas wiederzufinden.
Etwas was schon lange in einem schlummert.
In einer fast vergessenen Ecke der Seele.

Viele kamen, viele scheiterten,
aber ist es nicht besser zu scheitern,
anstatt zu bereuen, es niemals versucht zu haben,
seinen Traum zu verwirklichen, sein Traumland zu finden!?

Leider weiß ich nicht, wer dieses Gedicht verfasst hat. Aber ich denke, wir alle sollten versuchen, unser Traumland zu finden. Ich meine damit nicht unbedingt ein anderes Land. Es kann direkt vor unserer Haustür oder unserer Seele liegen...

Robert Service hingegen drückt für mich in „Zauber des Yukon" mein persönliches Traumland aus. Auch dies muss für mich nicht unbedingt in Kanada liegen. Viele fragen mich, wo war es denn nun am Schönsten? Es kann für mich an einem stillen Tag auch einfach im Garten meiner Eltern sein, oder hier wo ich in Norwegen lebe. Die Stille, die Frieden mir bringt.

„Der Zauber des Yukon"

Ich kam, um Gold zu suchen,
ich wühlte im Dreck wie ein Sklave.
Ob Hunger oder Skorbut, ich bezwang es
und warf meine Jugend ins Grab.
Ich wollte das Gold und ich bekam es.
Im Herbst fand ich doch das Glück,
doch merkte ich, es ist nicht das Wahre.
Jetzt weiß ich, das Gold ist nicht alles.
Nein, es ist das Land,
hast du es gesehen?
So rau und spröde, wie ich's nie anders sah.
Bewacht von gewaltigen Bergen
und Tälern, so still wie der Tod.
Dies unendlich weite Land dort,
die Wälder, in denen Ruhe ich fand,
die Schönheit erfüllt mich mit Staunen
und Stille, die Frieden mir bringt.

Ich wünsche Ihnen allen, dass Sie für sich, ihre persönliche heile Welt/ ihr Traumland finden und schützen. Und wenn Sie diese noch nicht gefunden haben, suchen Sie weiter, geben sie nicht auf und finden Sie den Platz, wo Sie Ruhe empfinden.

Kanada

Noch in Deutschland, als ich in den Flieger stieg, war ich mir noch nicht im Vollen und Ganzen meines Vorhabens bewusst. Als der Flieger aber zur Startbahn rollte, stellte sich ein eigenartiges Gefühl ein. Freude und Angst im selben Ausmaß. Ich wollte das hier alles, aber wusste ich wirklich was ich tat?

Der Flieger hob ab und ich lächelte. Ade Deutschland, willkommen Unbekanntes. Nach etlichen Stunden Flug setzte der Flieger in Toronto auf und spuckte mich auf die Straße. Da stand ich nun, alleine mit kaum Englisch im Gepäck.

Allein in der Ferne

Wo nun hin? Mein Zug ging erst am nächsten Morgen, so dass ich die Nacht hier verbringen musste. Doch sofort lernte ich die

Freundlichkeit der Kanadier kennen, die mir ob mit Händen oder zeichnerisch immer wieder auf der Reise auf die Sprünge helfen sollten. So fand ich den Weg in ein Hostel und konnte den Nachmittag gemütlich durch Toronto schweifen. Den Weg dorthin nahm ich quasi schon fast als kleinen Stadtrundtrip wahr. Denn ich musste Bus, U-Bahn und Straßenbahn fahren und beschrieb damals die Strecke als unglaublich schön. An der Straße standen die farbenprächtigsten Häuser, eines schöner als das andere, für mich waren es schon halbe Paläste und alles typisch ohne Zaun. Eine Unglaublichkeit für deutsche Verhältnisse. Aber auch die Menschen bewegten sich so offen und freundlich, so unverschlossen. Überall wurde ich angesprochen, ob ich Hilfe bräuchte und wohin des Weges ich ging. In meinem Tagebuch erwähne ich immer wieder, dass die Menschen auf den Straßen einen alle anlächeln. Da ist man als Berliner doch verwirrt, dass es dies noch auf der Welt gibt. Ich fühlte mich ganz winzig klein und bin wohl die ganze Zeit mit offenem Mund durch die Straßen gefahren und gegangen. Schlagartig war ich auf meinen eigenen Beinen und würde in den nächsten Monaten lernen mit mir und der Welt eins zu sein.

Am nächsten Tag bestieg ich dann in den Zug, der die Gesamtstrecke von 4466 km quer durchs Land von Toronto nach Vancouver fuhr. Dabei durchfährt man die Provinzen Ontario, Manitoba, Saskatchewan, Alberta und Britisch Kolumbien. Man kann beliebig aus- und zusteigen und durchfährt eine atemberaubende Landschaft. Ich wollte jeden Moment davon in mich hineinsaugen, festhalten. Ich traute mich kaum, mal zu zwinkern, ich könnte ja was verpassen. Alles zieht so schnell an einem vorbei. Abends richtet einem das Zugpersonal ein kleines Himmelbettchen und man kann noch bis tief in die Nacht hinein im Liegen die Landschaft genießen. Nachdem in Ontario die Landschaft immer hügeliger und felsiger wurde, war Manitoba der volle Kontrast, denn, als wenn man einen Strich gezogen hätte, war in Manitoba alles flach. Ich hatte den Eindruck, es gab nur Felder und unendliche Ferne. Nichts versperrte den Blick. Ich war damals der Meinung, dass irgendeiner sich wohl als Strafarbeit hier hinstellen musste und die Landschaft glatt gebügelt hat. Der Abend senkte sich in einem unglaublichen Sonnenuntergang.

In Jasper

In Alberta veränderte sich die Landschaft wieder gewaltig, es begannen rechts und links riesige Berge in den Himmel zu wachsen. Die Spitzen waren schneebedeckt und die Gegend durchzogen von wilden Flüssen, Bächen und wunderschönen

15

Seen, in einem Blau, Grün oder Türkis, das man so nicht wiedergeben kann. Die Dimensionen hauten mich einfach um. Die Wälder waren so riesig tief und grün, man konnte es nicht glauben.

Vancouver City

Vancouver, in Britisch Kolumbien, empfing mich, ganz seinem Ruf entsprechend, als Regenstadt mit Regen, viel Regen. Es goss wie aus Eimern.

Zum Glück beruhigte sich das Wetter zum nächsten Tag hin und ich brach auf in den Stanley Park. Er ist gut 400 Hektar groß und wird von 200 km Waldwegen durchzogen. Der Wald ist noch natürlich gewachsen und man hat noch zum Teil einen Primärwald. Durch Naturkatastrophen waren und sind die Waldbestände aber immer wieder gefährdet.

Früher war der Park noch eine Insel, die von den Ureinwohnern bewohnt wurde. Noch heute erinnern wundervolle, monumentale Totempfähle an die ursprünglichen Bewohner. Ich bin immer wieder von dieser fantastischen Schnitzkunst beeindruckt. Diese findet man vor allem bei den Indianern der amerikanischen Westküste, sie werden aus einem langen Baumstamm gefertigt. Bei der Errichtung der Pfähle wurde ein Potlach gefeiert, und die Stellung der Familie in der sozialen Hierarchie ihres Stammes wurde hierdurch bestätigt. Totempfähle werden in der Regel von unten nach oben gelesen und nur Familienmitglieder dürfen ihre Geschichte erzählen. Sie werden aus ganz unterschiedlichen Gründen errichtet. Sie erinnern an Verstorbene oder beherbergen deren gelegentlich sterbliche Überreste. Sie erzählen die Familiengeschichte und repräsentieren deren Stellung. Oft sind verschlüsselte mehrdeutige Botschaften in ihnen. Aber es gibt auch Pfähle, die den Eigentümer verspotten. Dies geschah beispielsweise dann, wenn der Auftraggeber den Pfahl nicht bezahlte oder Regeln verletzte. Es ist unglaublich schade, dass diese fantastischen Werke, wenn sie draußen stehen, meist nicht älter als 100 Jahre werden. Ich konnte mich an ihnen einfach nicht satt sehen.

Den nächsten Tag ging es dann für mich nach Horseshore Bay, was wundervoll am Wasser liegt, umgeben mal wieder von gewaltigen Bergen und Wald. Von dort nahm ich dann die Schaukelfähre nach Nanaimo, was auf Vancouver Island liegt. Zu Nanaimo schrieb ich damals gerade mal, dass der Name wohl das Interessanteste an dem Ort war. Das einzige was ich als sehr erleichternd empfand war, dass man hier nicht mehr die ganzen traurigen Menschen sah, die auf der Straße leben mussten. Man muss dazu sagen, dass ich nichts gegen die Randgruppen der

Gesellschaft habe. Ich habe später selbst lange Zeit mit diesen gearbeitet. In Vancouver sammelte sich aber durch das doch recht milde Klima nur der größte Anteil an Obdachlosen des Landes und es bedrückte mich sehr, die zuweilen ganz alten Menschen oder auch in meinem Alter jungen Menschen auf der Straße sitzen zu sehen. Ich hatte oft das Gefühl, dass die Hälfte der Einwohner Vancouvers aus Obdachlosen bestand. Es war ein so großer Kontrast zu dem, dass ich in Deutschland erst gearbeitet hatte und mir nun finanziell diese Auszeit gönnen konnte. Wie behütet ich doch in einer Familie war, in gewisser Hinsicht. Viele Menschen fallen einfach durchs Raster und haben dann kaum mehr eine Chance jemals in das sogenannte „normale Leben" wieder zurückzukehren.

Mein Weg führte mich nun die Küste entlang bis fast zur Spitze von Vancouver Island, bis nach Port Hardy. Die Insel ist über 450 km lang und rund 100 km breit, somit gut zu erschließen. Das Klima ist natürlich auch hier für kanadische Verhältnisse sehr mild, was an den Meeresströmungen liegt. Dafür ist man hier immer gut geduscht, womit ich natürlich die hohe Niederschlagsmenge im Jahr meine. Auch ich erlebte eine zwar schöne, aber sehr nasse Landschaft der Insel. In Port Hardy baute ich voller Freude im strömenden Regen mein Zelt auf. Eine Sache die man sich eigentlich nicht schön reden kann. Das Feuer danach im Regen und mit nassem Holz zu entfachen, erforderte einen gewissen Gleichmut, um nicht aufzugeben. Doch als es dann brannte, ich mein Essen fertig gekocht hatte und danach in Regenkleidung im strömenden Regen mein Süppchen verspeiste, fühlte ich mich wie die Königin der Welt. Es gibt kein vergleichbares Wohlgefühl, das beschreiben kann, was es heißt, im strömenden Regen zu stehen und eine heiße Suppe zu genießen, die einen wärmt und satt macht.

Rings um mich herum sprangen hunderte von Hasen, die sich wohl hier zur Plage entwickelt hatten. Trotzdem musste ich zugeben, dass ich es genoss, später aus meinem Zelt zu gucken und den kleinen Pelzknäulen beim Fressen und Putzen zuzuschauen. Amüsieren taten mich dann aber auch noch die Gesichter von den Insassen dreier vorbeifahrender Autos. Für die gab ich wohl einen erbärmlichen Eindruck ab. Die Wahrheit war allerdings, dass ich die Nacht dann doch recht zitternd verbrachte und mich in meinem Einmannzelt kaum bewegen konnte, da die Wände anfingen durchzuhängen und ich nicht gegen diese kommen durfte, um die Undichtigkeit zu vermindern.

Tags darauf erblickte ich dafür quasi als Entschädigung meinen ersten Schwarzbär aus der Ferne und lernte eine Frau kennen, die neun Kinder hatte. Sie gab mir eine Plastikplane für das Zelt, da sie Angst hatte, es würde irgendwann doch seinen Dienst quittieren und fuhr mich dann nach Downtown und auch wieder zurück. Um all dies hatte ich sie noch nicht einmal gebeten. Die Freundlichkeit, die mir auf meiner gesamten Reise immer wieder entgegen gebracht wurde, sollte mich immer wieder verwundern.

Über Tag gesellten sich dann noch ein Zelt und ein Wohnwagen zu mir, ein Pärchen aus Australien und ein Mann namens Rick. Er war derjenige, der uns dann überredete noch abends zu seiner Show zu kommen, da er Sänger und Gitarrist war. Den Abend beschrieb ich dann in meinem Tagebuch als recht lustig. Ich gebe ehrlich zu, ich habe nicht den geringsten Schimmer mehr von diesem Abend und das obwohl ich nicht einmal Alkohol trinke. Die Nacht war mal wieder kuschelig nass bei Temperaturen um den Gefrierpunkt. Hatte ich erwähnt, dass wir inzwischen schon Mitte Juni hatten?!

Der Tag darauf wurde auch nicht wärmer und trockener.

Im Gegenteil, es kam noch ein ziemlicher Sturm hinzu. Dies sollte irgendwie, wie ich später mal reflektierte, bei all meinen Reisen zu 80% der Fall sein. Ich sollte lernen, den Regen mit einem gewissen Gleichmut zu betrachten. Zeit wird relativ, wenn man im Zelt sitzt und den Regen auf das Zeltdach tropfen hört, er lässt einen vergessen. Die Zeit, den Tag, gegessen wird wenn der Magen sich meldet. Nur wenn es in meinen Kaffee regnete, das ging ja nun mal gar nicht.

Einen gewissen Kaffeeservice durfte ich die Tage allerdings noch genießen, denn Rick der Musiker stellte mir ab und an einfach eine Tasse vor das Zelt. Nächsten Abend kamen dann noch welche mit ihrem Camper und machten spontan eine Grillparty für alle. Was soll ich sagen, alle die mit Rucksack und Zelt durch die Welt ziehen verlieren meist erheblich an Gewicht. Ich kam nach meiner Reise mit mehr Gewicht nach Hause als ich je gewogen hatte. Was in dem Fall, da ich stark untergewichtig war, durchaus etwas Gutes hatte. Ich lernte Essen ganz anders wertzuschätzen. Kannte ich vorher Hunger und Gelüste eigentlich nicht, taten sich irgendwann auf der Reise so manche Visionen auf. Vorne weg, als ich nach der Reise wiederkam, fand ich in meiner Küche den Fußboden voll mit Essen, das mir meine Eltern gekauft hatten. Lauter Leckereien. Ich musste wohl in meinen Karten nach Hause unbewusst viel über das Essen geschrieben haben.

Port Hardy

Nach einem also recht gehaltvollen Abendbrot bei der Grillparty, ging es den Tag darauf in den Flieger nach Vancouver und dann hoch in mein geliebtes Whitehorse. Der Flieger hatte nur zwölf Plätze und man konnte den beiden jungen Piloten über die Schulter schauen. In Whitehorse nahm mich mal wieder eine liebe Frau vom Flughafen mit nach Downtown. Ich nahm dann für eine Nacht ein Bett in einem Hotel in Anspruch und genoss eine ausgiebige heiße Dusche. Mann, kann das die Lebensgeister wecken! Danach gestaltete ich das Zimmer zu einem Trockenraum um. Gut, dass davon das Hotelpersonal nichts mitbekam.

Nach meiner Trocknungsorgie schlenderte ich am nächsten Tag das Ufer des Yukons entlang und traf dort einen alten Mann, der sein Kanu belud. Er nahm mich einfach spontan mit auf einen Tagestrip. Wir machten vier Stopps und gingen die Gegend erkunden. Ungewohnt war jedoch für mich das Tragen einer Flinte. Mann, ist so ein Ding scheiß schwer!

Der Blick über den Yukon

Aber wir entdeckten allerlei. Von frischen Bärenspuren bis zu Bibern. Auch zeigte er mir einen besonders großen Biberdamm. Ich war jedenfalls ganz schön fertig nach dem langen Tag mit so vielen neuen Eindrücken und der neuen körperlichen Belastung. Am Ende lud er mich in einem Golfclub zum Essen ein und organisierte für mich die Rückfahrt bei einem Pärchen im Auto. Alles war so selbstverständlich und unkompliziert. Ich konnte mich erst mal nicht daran gewöhnen. Der alte Mann hingegen zog seines Weges, mit dem Kanu weiter den Yukon hinunter. Ich habe ihn nie mehr wieder gesehen. Zurück an meinem Zelt, das ich glücklicherweise zuvor aufgebaut hatte, dachte ich noch lange darüber nach, wie oft sich die Menschen doch ihr Leben selbst verkomplizieren. Alles ist beschleunigt worden, in sogenannte Normen gestopft worden, so dass die wenigsten noch über den Tellerrand gucken. Wohl auch aus Angst, erschreckt zu werden. Am Morgen ging es dann für mich auf eine kleine Runde zum Schwatka Lake. Es war unglaublich ruhig und still hier, ich konnte am Steilhang sitzen und einfach nur gucken und mich stundenlang über die spielenden Möwen amüsieren.

Sie flogen hoch in die Lüfte und ließen sich dann einfach fallen und platschten in die Strömung. Dort kringelten sie sich eine Weile, um sich dann wieder in die Lüfte zu begeben und dasselbe Spiel wieder zu veranstalten.

Vom Schwatka Lake aus bin ich auch in zwei Tagesmärschen über Miles Canyon rüber auf die andere Seite des Sees. Die Strecke war zwar lang und mühsam, aber man wurde von fantastischen Aussichten belohnt. Am anderen Ufer angekommen, kippte ich zugegeben erst mal tot um. Ich war zwar langsam nach fast einem Monat den Rucksack gewöhnt, aber man kann sich bequemeres vorstellen. Die Sonnenstrahlen und die Umgebung brachten mich dann doch schnell wieder auf die Beine und ich machte ein Feuer, um mir wieder einmal ein Süppchen zu kochen. Auch dies wurde inzwischen so sehr zur Routine, dass das ganz schnell ging und ich zufrieden meine Erbsensuppe löffelte.

In genau diesem Moment der Einfachheit, sitzend auf meiner Isomatte, löffelnd meine Erbsensuppe essend, konnte ich mir kein besseres Leben vorstellen. Ich war soweit. Ich war angekommen in der Natur, ihrer Stille und Ruhe und dem

Frieden, den sie einem schenkt. Ich war da, ich lebte, ich atmete die Luft in vollen Zügen.

In dieser Nacht lag ich nur auf der Isomatte im Schlafsack draußen und beobachtete die halbe Nacht die Biber beim Spielen. Tags darauf wurde mir die Tour allerdings irgendwann lang. Da ich kein Essen mehr hatte, hing mir der Magen in den Kniekehlen. Als ich zurück in Whitehorse war, verschlang ich in der Grizzly Bar einen riesigen Burger und machte danach Großshopping im Supermarkt und fand mich im Park sitzend, Karamellbonbons in mich hineinstopfend, wieder und das, bis ich nahe am Platzen war. Gestärkt konnte ich mich dann an so Alltäglichkeiten wie das Waschen meiner Wäsche machen. Zugegeben zwar sehr übersichtlich mit zwei Hosen, zwei Shirts, zwei Pullovern und einer Handvoll Socken und Schlüpfern, aber ein Problem, wenn man es gerade neben dem Zelt aufgehangen hat und es ausgerechnet dann mal wieder anfangen muss zu regnen. Ist ja mal wieder typisch. Trotz allem steht in meinem Tagebuch dazu der Eintrag: *„Ach ja, aber dies alles ist Leben. Selbst meinem Hals geht es besser, ich werde sogar langsam braun und es geht mir einfach gut. Ich lebe in meinem eigenen Rhythmus. Und ich habe mich schon längst an dieses Leben gewöhnt. Ich habe aus dem Yukon getrunken."*

Zur Erklärung: Es gibt einen Aberglauben in Whitehorse, dieser besagt, wer einmal aus dem Yukon getrunken hat, der will immer wieder von ihm trinken! Zu dem Zeitpunkt, knapp einen Monat nach meinem Start in Deutschland, genau gesagt nach 21 Tagen, schmiedete ich schon Pläne für den Aufenthalt im nächsten Winter hier im Yukon. Ich war infiziert.

Nach einer mal wieder saukalten Nacht, in der ich des Öfteren eine Showeinlage lieferte, indem ich um mein Zelt hüpfte, ging ich eine Runde spazieren und traf, wie ich es damals formulierte, einen komischen, interessanten Typen, der auch zeltete. Er kochte sich gerade eine heiße Schokolade und lud mich dazu ein. Ich kann nur sagen, der Himmel. Es stellte sich heraus, dass er aus der Schweiz kam, so hatten wir zumindest keine Verständigungsprobleme. Danach, so steht es ebenfalls in meinem Tagebuch, wurde es ein sehr komischer Tag. Wir verbrachten irgendwie den Tag zusammen, saßen da und unterhielten uns über Gott und die Welt.

Er selbst sah sehr indianisch aus, mit seinen langen Haaren und dem restlichen Erscheinungsbild. Was mich irritierte waren seine blauen Augen, die aber wie die einer Katze wirkten. Das machte das Ganze schon wieder ein wenig gruselig. Zudem gab er sich spirituell und glaubte an Geister, die durch seinen Körper strömen. Diese, so glaubte er, könne er auch einsetzen und so durch Handauflegen heilen. Auch könne er aus Augen Gedanken lesen. Dies war jedenfalls schon ein wenig schräg. Er betreibt in Deutschland auch einen Laden mit indianischen und spirituellen Sachen, aber reist immer wieder Monate lang durch alle möglichen Länder. Ein durch aus nicht unbedingt schlechtes Leben. Auch den nächsten Tag verbrachten wir noch mit Reden. Auch wenn ich nicht an diese Sachen glaubte, fragte ich mich doch, ob es in gewisser Weise möglich sei Gedanken zu lesen und fand den Gedanken nicht unbedingt beruhigend. Waren meine Gedanken inzwischen so sortiert, dass es kein Problem wäre, wenn sie doch jemand lesen würde? Ich hatte die Reise ja zu diesem Grund angetreten. Mich zu sortieren, Vergangenes zu begraben und zu mir selbst zu finden, beziehungsweise meinen

Weg zu finden. Auf diesem Weg war ich auf alle Fälle, denn es ging mir immer besser, ich schloss Stück für Stück Frieden mit mir selbst.

Ich erinnerte mich an ein Buch, das ich zuhause gelesen hatte. Dort war ein Pärchen aufgebrochen zu einer kleinen Reise, die schlussendlich 16 Jahre dauerte. Der Mann sprach davon, dass er irgendwann seinen inneren Indianer gefunden hat, der ihn auf dem richtigen Weg hielt und ihn vor Gefahren warnte. Auch Toni hier erzählte von seinem inneren Indianer. Ich denke, dass zumindest ein Teil davon war ist. Wir haben in unserer schnellen, industriellen Welt vieles eher verkompliziert. Wir sind von allem möglichen abgelenkt, es ist laut, bunt und schrill. So haben wir verlernt, auf unsere innere Stimme zu hören. Diese kann man auch einfach in gewisser Weise Instinkt nennen. Denn grundsätzlich sind wir alle damit geboren worden.

Mir wurde bewusst, dass ich nie mehr wirklich in diese Welt zurückkehren konnte, ich würde nie mehr so sehen wie früher.

Ein Monat ist um und mal wieder gibt es Dauerregen und kuschelige Temperaturen um den Gefrierpunkt. Wir haben den 30. Juni!!! Und ich eine Sinnkrise... Nein, mir war nur oft traurig zumute, dass ich nie einem meiner Freunde oder meiner Familie all diese Schönheit zeigen könnte, die Einfachheit des Seins, die Stille. Ich stand an einem See und niemand war da, ich hätte schreien, heulen oder sonst ein Zirkus veranstalten können, niemand hätte es gehört. Es war traurig, komisch, lustig, ein wenig beängstigend und schön zu gleich. Halt irgendwie verwirrend. Anders kann man es nicht formulieren. Es war die absolute Freiheit.

Der 1. Juli ist der Nationalfeiertag in Kanada, den ich natürlich unter keinen Umständen verpassen wollte. Selbst das Wetter war in Feierlaune und die Sonne schien unbedeckt vom Himmel. Alles begann mit einem eher lustigen Paradeumzug. Jeder konnte mitmachen, ganze Familien hatten aufwändige Figuren oder Kostüme gebastelt. In Erinnerung blieb mir vor allem ein mindestens 4 Meter großer Biber, der wirklich gut gelungen war. Alles zog zum Rotaie Park. Dort war ausgelassene Feststimmung, aber alles vollkommen friedlich, was zum einen daran lag, dass das Gemüt eines Kanadiers sehr friedlich ist und zum anderen, dass in der Öffentlichkeit kein Alkohol getrunken werden darf, was ich persönlich sehr begrüße. Ich beschrieb es in meinem Tagebuch ein wenig lustig mit: *„Es kam mir vor wie Kindertag für Erwachsene.“* Bands spielten, Tänzer drehten ihre Kreise, Pantomimen traten auf und es wurde ausgelassen gesungen. Auch gab es Kellner-Wettbewerbe auf nasser Rutschbahn und das alles entscheidende Quietsche-Enten-Wettrennen. Alle versammelten sich am Ufer des Yukon und weiter oben wurden die Enten von einer Brücke in die Stromschnellen geworfen. Alle hatten auf irgendwelche Enten gesetzt, die hierzu mit Nummern versehen worden waren. Nach ein paar Metern bekamen die ersten fünf Enten 1000 Dollar. Es war vollkommen harmlos und doch jeder feuerte begeistert die Gummienten an. Diese Lebensart sagte mir sehr zu.

Anfang Juli erhielt ich nun Besuch aus Deutschland von einem guten Freund. Sie kommen wirklich bis ans Ende der Welt zu mir, unfassbar. Geplant hatte ich eine Kanufahrt den Yukon runter. Da es die beste Variante war, jemandem in einem kurzen Urlaub möglichst viel von Kanada zu zeigen. Der Start war in

Whitehorse und natürlich, wie sollte es auch anders sein, stürmisch und regnerisch. So wurde das Vorwärtskommen eine ganz schöne Plackerei. Ziel war der Lake Laberge am ersten Tag. In der Einmündung zu diesem blies es aber so stark, dass wir rückwärtsfuhren. So mussten wir abwarten und einen Zeitpunkt abpassen, wo wir noch eine Insel erreichten, um zu campieren.

In meiner Routine baute ich mal wieder das Zelt im strömenden Regen auf und machte Essen. Für Jörg war es doch noch sehr ungewohnt und es beeindruckte ihn wohl, wie selbstverständlich es für mich inzwischen war. Er war auch trotz des Wetters begeistert über das alles hier. Am nächsten Tag war es dafür trocken, aber stürmisch.

Kurze Pause

So mussten wir uns ganz schön in die Paddel hauen, um den Lake Laberge zu überqueren. Erst als wir zum Ausgang des Lake kamen wurden die Wellen erträglich, aber die Sonne war nach 15 Paddelstunden längst untergegangen. Nun begann auch der Yukon stärker zu fließen, so dass wir ab da an die Tage genießen konnten. Kleine Stromschnellen brachten ein wenig Spannung und die Sonne zeigte sich gnädig und schien alle Tage. Unsere Schlafplätze blieben an allen Tagen Inseln, warum auch immer. Wir sahen Elchkühe mit Kälbern und allerlei anderes Getier, was sich aber nie von uns stören ließ.

Feierabendsüppchen

Eine Begebenheit war aber einfach zu schräg. Auf einer einsamen Insel mitten im Yukon saß ein Polizist. Sein unglaublicher Job bestand darin, sechs Tage lang dort mit seinem Hund zu sein und alle Vorbeireisenden zu fragen, wie bisher die Tour verlaufen sei und wie es ihnen gefallen hätte!?

Was um alles in der Welt ist das für ein Job und wo kriegt man den? Wo muss ich meine Bewerbung hinschicken??? Ich fange sofort an!

Was mir allerdings sehr stark in Erinnerung geblieben ist und wohl auch Jörg, war das Thema Essen. Wie schon erwähnt, entwickelt man auf solchen Touren langsam aber sicher Essensgelüste. Was zu einem Problem führt. In einem Rucksack den man täglich schleppt und oft tagelang von der restlichen Welt abgeschnitten ist, lässt sich einfach nicht so viel transportieren. Aber eins hatte ich vom „Indianer" gelernt. Heiße Schokolade ist lebensnotwendig!!! So hatte ich seit dieser Begegnung stets eine Dose Instant Schokolade in meinem Rucksack, die man nur noch mit heißem Wasser aufgießen musste. So saß ich eines abends auf einer der Inseln auf einem umgefallenen Baumstamm. Mit genau einer dieser Dosen und einem Teelöffel... Ich löffelte das Pulver aus Ermangelung von richtiger Schokolade. Etwas staubig, aber was macht man nicht alles. Da wundert es kaum, dass ich nach meiner Rückkehr in meiner Küche so viel Essen von meinen Eltern vorfand.

In Carmarks war dann die Kanutour zu Ende. Zugegeben eine gar nicht so lange Strecke, aber wir ließen uns unendlich viel Zeit, paddelten die anderen Tage nur noch vier Stunden am Tag und machten immer wieder Stopps, um die Umgebung zu erkunden. So verging die Zeit wie im Fluge und Jörg musste wieder nach Deutschland. Alles in allem hatte es gut geklappt, auch wenn es zwischenzeitig so schien, als wenn wir aus zwei verschiedenen Welten kamen. Er wollte alles richtig machen, verkomplizierte aber dadurch eher die Dinge, was nicht verwunderte, ich lebte inzwischen dieses Leben schon eine Weile, und bestimmte Abläufe waren zum Alltag geworden. Wie schwer fiel auch mir all dies am Anfang. Aber auch heute noch nach 15 Jahren sind wir gute Freunde. Er sah, dass es mein Leben war und meinte zu mir, dass ich hier her gehöre. Ich denke, er konnte mich viel mehr verstehen und das bis heute, nach all meinen verrückten Ausbrüchen aus der sogenannten bürgerlichen Welt, aus der Normalität.

Nach seiner Abreise kam dann ein Kapitel, was wohl den Rest meines Lebens verändern sollte. Niemals sollte es mehr so sein wie zuvor.

Alles begann ganz harmlos. Da sich hier in Whitehorse alles um das legendäre Yukon Quest, ein Schlittenhunderennen von Kanada, Whitehorse, nach Alaska, Fairbanks, mit 1600 km Länge drehte, wollte auch ich ein wenig mehr darüber erfahren. Es ging mir nicht in den Kopf, wie das aussehen sollte, ein Kennel mit um die 100 verrückten Huskies. Kennel heißt Hundezwingeranlage, wobei da die Begrifflichkeit leicht schwierig ist, da es sich nicht um eingezäunte Anlagen handelt. Entgegen werden dort die Hunde an Ketten gehalten.

Wie verrückt mussten die Hunde und auch deren Musher (Schlittenhundeführer) sein, sich einem der härtesten Rennen der Welt zu stellen. Grenzenlose Wildnis, über zerklüftete und steile Berge, dazu eine eisige Kälte. Temperaturen bis zu minus 50 Grad. Auch führt es über den zugefrorenen Yukon River, mit tückischem Overflow (Wasser, das durch Druck übers Eis geflossen ist), durch verschneite Wälder, fast immer allein mit den Hunden. Nur an den Checkpunkten konnten sie zuvor ausgeflogenen Proviant einholen und die Tiere wurden von Tierärzten begutachtet. Auch konnten hier erschöpfte oder verletzte Tiere in der Obhut der Ärzte oder der Doghandler (Hundebetreuer) gelassen werden. Das Wort normal ist nicht unbedingt das, was einem dazu als erstes in den Sinn kommt. Dieses Rennen wird seit 1984 durchgeführt, zur Erinnerung an die historische Rolle des Hundes bei der Erforschung des Nordens, an die Gold-Schürfer, Fallensteller und Briefboten, die das Land nur mit dem Hundeschlitten erschließen konnten.

Das Yukon Quest gilt als das härteste und schwerste Hundeschlittenrennen der Welt und konkurriert mit dem Iditarod, welches das längste Rennen ist und in Alaska zur Erinnerung an die Diphtherie-Epidemie in Nome gefahren wird.

Damals musste eine Hundestaffel das kostbare Serum auf schnellstem Weg nach Nome bringen, um noch mehr Todesfälle zu verhindern. Flugzeuge konnten bei dem Schneesturm, der gerade zu diesem Zeitpunkt herrschte, nicht starten.

Hier sah man überall Plakate, und in den Läden liefen Filme, so schnappte ich mir einfach kurzerhand einen Flyer und rief bei einem dieser Musher an. Es war Frank Turner, einer der bekanntesten Musher des Yukon Quests, was mir aber zu dem Zeitpunkt nicht bekannt war. Er war der einzige, der von 1984 bis 2005 alle Quest-Rennen bestritten hat.

Seit dem Zieleinlauf 1995 hält er bisher den Rekord in der schnellsten Zeit. Und genau er lud mich einfach zum nächsten Morgen zu sich ein. So machte ich mich noch am Nachmittag glücklich auf den Weg, um zu dem Kennel zu gelangen. Pünktlich am nächsten Morgen kam ich bei Frank an und schaute in ein etwas verwundertes Gesicht. Er konnte es nicht fassen, dass ich den Weg gelaufen sei, er hätte mich auch abgeholt, wenn er es gewusst hätte. Bevor ich nun aber zu den damals 94 Hunden ging, muss ich jetzt hier erst mal mit einer Geschichte aufräumen. Denn seit diesem Tage an

erzählt Frank immer wieder Doghandlern, die für eine Saison zu ihm kommen um zu arbeiten, von dem deutschen Mädchen, das zu Fuß kam, mit dem großen Teddybär außen am Rucksack...

es war ein ELCH!!!

Ok, das macht es jetzt auch nicht besser. Aber musste mal gesagt werden. Nun aber ab zu den Hunden. Kaum betrat ich das Kennel, begannen die Hunde aufgeregt zu bellen, zu winseln und zu jaulen. Sie machten Bocksprünge und zogen an ihren Ketten, es könnte ja einer vergessen werden und alle wollten schließlich Aufmerksamkeit. So eine Wildheit hatte ich bis dahin noch nicht erlebt. So stapfte ich drauflos, jedem einzelnen ein Hallo zu geben. Schon der erste Hund riss mich fast zu Boden, da sie eine unglaubliche Kraft hatten. Viele sprangen auf ihre Hütten, um dann viel bequemer mir ihre Zunge durchs Gesicht ziehen zu können. Die Ruten wedelten so stark, dass man meinen konnte, sie würden dadurch umfallen. So aufgeweckte, wuselige Hunde kannte ich nicht. Als ich dann durch die Meute durch war, was bei der Menge nicht so einfach war, sah ich etwas zerpflückt aus. Die ohnehin eh schon nicht gerade saubersten Klamotten hatten ihren Rest bekommen. Auch ein paar Löcher waren hinzugekommen, was mich aber angesichts dieser wunderbaren Erfahrung nicht im Geringsten störte. Frank bot mir gleich an, dass ich ein wenig bleiben könnte. So baute ich gerne mein Zelt in einer Ecke auf, obwohl er mir eine Hütte angeboten hatte. Dies war mir aber, um es einfach zu sagen, peinlich. Wo ich schon eh auch noch gleich mit Essen mitversorgt wurde. Abends ging es dann gleich an das erste Füttern meines Lebens. Wie oft ich dies noch tun sollte war mir zu diesem Zeitpunkt nicht bewusst. Die Meute war außer Rand und Band und ich stand fast ein bisschen ratlos mittendrin. Verstehen konnte man eh nichts mehr, und ich war überrascht, wie hoch so ein Husky aus dem Stand springen konnte. Ich versuchte möglichst schnell, allen ihre Portion zu geben. Danach war es schlagartig still. Alle waren zufrieden und kurz nachdem der letzte aufgefressen hatte, schlug das gesamte Kennel zum Gesang an, was nach zwei Minuten auch schon wieder vorüber war. Dies taten sie immer, nachdem sie mit dem Fressen fertig waren. Eine ganz neue Erfahrung aber für mich zu diesem Zeitpunkt. Frank bezog mich die Tage gleich voll mit ein, und ich kümmerte mich zum einen um die großen Hunde, machte kleine Runden mit den Welpen und spielte mit ihnen. Schon damals wollte ich am liebsten gleich einen einstecken. Frank und seine Frau hingegen versuchten mich zu mästen.

Mann, so verhungert war ich doch auch nicht. Die nächsten Tage zog ich dann doch um in eine der Hütten, da ich länger verweilte, um weiter zu helfen: Beim Ausbau einer Garage und in der Vorbereitung zum Umzug in ein neues Kennel. Dort mussten noch alle möglichen Hütten gebaut und Outhouses (Plumpsklos) errichtet und vor allem gegraben werden. Eine interessante Aufgabe bei Permafrost-Boden.

Auch führte uns eine längere Tour nach Hains, Alaska. Der eigentliche Sinn der Tour war, Fisch für die Hunde zu besorgen, führte aber durch eine unglaublich schöne Landschaft. Die Strecke führte auch über einen noch schneebedeckten Pass. Sicher für hier nichts besonderes, aber für mich ein Riesenerlebnis. Schnee Mitte Juli.

Beginn einer großen Liebe

In Hains bekamen wir dann den großen Anhänger voll mit riesigen Fischen geladen, diese hatten riesige Zähne und Augen, die mich anstarrten. Ich mag Fisch überhaupt nicht. Da kann man sich meine Freude vorstellen als wir spät abends zurück waren und wir die Nacht damit verbrachten, die Fische einzutüten. Was für eine Sauerei, mich schüttelte es. Hatte ich es schon erwähnt? Ich mag keinen Fisch! Aber wie man merkte, ich war ganz und gar eingenommen von diesem Leben, hier draußen mit den Hunden. Erst nach zwölf Tagen konnte ich mich losreißen, da ja meine Reise noch nicht zu Ende war. Aber nicht ohne nicht schon fest beschlossen zu haben, im nächsten Winter nach meiner Reise, hierher wiederzukommen. Dann schon auf das neue Muktuk-Kennel.

Endlich losgerissen von meinen geliebten Hunden, ging es nun für mich von Whitehorse aus mit einem kleinen Siebensitzerbus nach Skagway, Alaska. Skagway ist eine ehemalige Goldgräberstadt die 1897 aus dem Boden gestampft wurde. Dieser Ort ist der Endpunkt der berühmten Inside Passage.
Er war für die Goldgräber beim großen Run auf das Gold im Jahre 1898 ein wichtiger Stützpunkt und Ausgangspunkt, um von hier aus über den White Pass und den Chilkoot Pass zu den Goldfunden im hohen Norden zu gelangen. Den alten Hauch vergangener Goldrauschzeiten spürt man bis heute in der Stadt, die nun nur noch etwa 850 Einwohner hat.
An jeder Straßenecke sieht man den Boom des vergangenen Jahrhunderts. Noch heute wird es liebevoll erhalten, um an diese Zeit zu erinnern. Ich schlenderte durch die Straßen und erfreute mich an den Holzhäusern in all den leuchtenden Farben. Ein wenig seltsam anmutend erschienen hingegen die riesigen Schiffe,

die im Hafen anlegten. Aber ich hatte im Bus zwei Deutsche kennengelernt und spontan beschlossen mit ihnen auf einem der Schiffe nach Juneau zu fahren. Juneau ist die Hauptstadt Alaskas und auch diese entstand erst nachdem 1880 in einem nahen Bach Gold gefunden wurde. Wir wollten dorthin, um uns die umliegenden Gletscher anzuschauen und eventuell auch Wale zu sehen, die dort gerne an der Küste verweilen. Das Schiff tuckerte gemütlich in sechs Stunden von Skagway nach Juneau, und ich genoss die Sonne und die Aussicht vom Deck. Da wir aber erst abends um 23:00 Uhr in Juneau ankamen, war es schon dämmrig, und wir stolperten ein wenig müde in Richtung der Stadt, denn die lag vom Fährhafen 14 Meilen entfernt. Irgendwann kamen wir an überdachten Tischen mit Bänken vorbei und legten uns einfach zum Schlafen auf diese. So konnte ich zum Einschlafen noch wunderbar in den Sternenhimmel schauen und auch am Morgen, wo ich schon um 5:00 Uhr wach war, genoss ich noch lange den Blick in die Stille und Schönheit der Natur. Wir lagen an einer Lichtung mit freier Sicht auf das Meer und die umliegenden Inseln. Einfach herrlich. Zugegeben, nach dem Packen nahmen wir uns dann für den restlichen Weg ein Taxi in die Stadt, dort angekommen haute es einen fast um. Alles war recht groß und auf Touristen eingestellt. Soweit man sah alles Souvenirläden. Ich war schon zu lange in der Wildnis unterwegs gewesen, um diesen Kontrast zu verarbeiten.

Wobei es durchaus auch qualitativ hochwertige Sachen dort zu erstehen gab.

Ich nahm dann ein Boot, um in die sogenannten Glacier Bay zu fahren. Dieser liegt in einem Nationalpark in dem es über 50 Gletscher gibt. Der Park ist von der UNESCO als Teil eines internationalen Biosphärenreservats und als Weltnaturerbe eingeordnet. In der Glacier Bay reicht einer von ihnen bis in den Fjord hinein und man kann ihn in genügend Abstand oft kalben sehen. Häufig sind die abbrechenden Stücke über 50 Meter hoch, was unglaublich beeindruckend ist. Auf dem Weg dorthin beobachteten wir immer wieder Wale, die vollkommen unbekümmert im Wasser zu spielen schienen. Auch tummelten sich immer wieder im Seetang oder auf Bojen Seehunde. Mir stand ein wenig der Mund offen, weil man so in der Nähe vollkommen überrascht ist, wie riesig diese Tiere sind und doch so scheinbar problemlos Saltos aus dem Wasser schießen.

Am nächsten Tag ging es für mich dann wieder zurück nach Skagway, um endlich den ersehnten Chilkoot Trail zu gehen. Hierzu musste ich aber erst mal zum Chilkoot Trail Office, um ein sogenanntes Permit zu erhalten, die Erlaubnis, den Trail zu gehen. Zum einen wird darin festgehalten, wann der Start erfolgt und wie viele Tage man gehen wird. Denn nach wie vor übertritt man mitten auf dem Pass die Grenze von Alaska nach Kanada und man muss sich zurück in Whitehorse dann beim Zoll melden. Zum anderen wird täglich nur eine geringe Zahl von Wanderern auf den Trail gelassen. Meldet man sich nicht zurück, wird automatisch nach einem gesucht, da es bis heute ein nicht ungefährlicher Weg über den Pass ist. Ich hatte Glück und bekam ein Permit gleich für den nächsten Tag, denn oft liegen schon langfristige Reservierungen vor. Ich freute mich riesig und konnte es kaum mehr abwarten zu starten, auch wenn ich ein wenig unruhig war, was mich auf dem Trail erwarten würde. Zum Ausgangspunkt des Chilkoot in Dyea geht es leider 16 Kilometer über eine Schotterpiste, die eine Tagestour bedeuten würde und nicht so attraktiv ist. So nahm ich von Skagway ein Taxi.

Start zum legendären Trail

Dyea ist heute ein verwaistes Dorf, von dem ich kaum noch etwas sah. Es hatte im Jahr 1898, als der Goldrausch seinen Höhepunkt erreichte, 8000 Einwohner. Heute erinnert mehr oder weniger nur noch ein Friedhof daran. Auf diesem liegen heute um die 70 Menschen, die auf dem Chilkoot bei einer Lawine umkamen.

Ok, vielleicht nicht der positivste Start meiner Reise über den Pass. Über 100.000 Menschen überquerten zwischen 1897 und 1899 den Pass und mussten an der kanadischen Grenze bei der North West Mounted Police auf dem Pass Ausrüstung und Proviant für ein Jahr vorweisen, um passieren zu dürfen. Oft mussten damals die Goldsucher den gefährlichen und anstrengenden Weg mehrfach hoch und runter. Dies war allerdings notwendig, denn am Ziel des Lake Bennett entstand ein provisorisches Zeltdorf, ohne Möglichkeit zur Einholung lebensnotwendiger Sachen. Dort zimmerten sich die Leute zuweilen recht abenteuerlustige Bootskonstruktionen zusammen, um mit ihnen im Frühling, beim Aufbrechen des Eises, hinunter zu den Goldfeldern des Yukon zu gelangen. Weniger als die Hälfte der Goldsucher erreichten überhaupt die Goldfelder des Klondike. Und bis die meisten dort ankamen waren alle Claims abgesteckt und vergeben. Viele mussten daraufhin umkehrten und waren vollkommen verarmt. Manche verdingten sich als Lohngräber.

Die Strecke ist eingeteilt in Abschnitte, in denen bis zum Pass 1067 Meter überwunden werden müssen.

Vom Ausgangspunkt Dyea geht es über Finnegans Point, Canyon City, Pleasent Camp, Sheep Camp, Chilkoot Pass, Happy Camp, Deep Lake, Lindemann City und Bare Loon Lake nach Bennett. Ich stapfte also frohgemut los und war schon auf den ersten Metern ziemlich umgehauen. Man begann mitten im Wald, der durch die Feuchtigkeit hier eher einem Regenwald gleicht. So bekam ich einen kleinen Vorgeschmack auf die folgenden Tage. Überall kletterte man über riesige Felsbrocken und Wurzeln und das alles gleich nach oben. Von den Felsen runter musste ich oft hopsen, was mit zusätzlichen 24kg auf dem Rücken nicht unbedingt schonend ist. Ich hatte meine liebe Mühe als Zwerg, der ich nun mal war. Irgendwann wurde der Regenwald lichter aber zeitgleich immer feuchter unter den Füßen. Zwischenzeitig findet man Bohlen vor, über die man laufen kann. Ich kam mir irgendwie vor wie in einer anderen Welt. Dann kam aber auch schon Finnegans Point, wo für mich für den ersten Tag Schluss sein sollte. Dies liegt einfach zu idyllisch. Man hat einen direkten Blick auf einen Gletscher und einen Wasserfall. Zudem gab es eine kleine rustikale Schutzhütte und Holzplattformen für die Zelte. Ich hoffte, dass die Bären das nicht als Menüplatte ansahen. Aber es gab überall noch Flaschenzüge, um seine Essensvorräte ohne großen Aufwand in den Baum zu bringen. Viele fragten mich oft ob ich nicht Angst vor den ganzen Bären hätte. Das hatte ich nicht unbedingt, allerdings sollte man schon gewisse Vorsichtsmaßnahmen einhalten. Hierzu hatte ich wie fast alle eine Bärenglocke an meinem Rucksack hängen. Jedes wilde Tier geht lieber seiner Wege, wenn es einen früh genug kommen hört. Man kann natürlich auch singen, das würde bei den meisten von uns sicherlich auch die Bären verscheuchen, aber wer hält das schon den ganzen Tag aus? Bei der Abmeldung morgens im Trail Office bekommt man sogar nochmals einen 20 minütigen Schulungsfilm zu sehen, wie man sich bei Bärenbegegnungen verhalten muss. Denn hier im Norden stolpert man immer wieder über Schwarz-, Braun- oder Grizzlybären. Allerdings sind Unfälle höchst selten und zumeist auf menschliches Fehlverhalten zurückzuführen. Auch Meister Petz möchte mal von dem Schokoriegel abbeißen, den ein Wanderer dann unvorsichtiger Weise gemütlich in seinem Zelt verspeist. Trotz allem hatte ich schon einen gehörigen Respekt vor diesen großen Tieren, die oft mit einer solchen Leichtigkeit und Geschwindigkeit durch das Unterholz rennen, dass einem der Mund offen stehen bleibt. Zudem hatten gerade andere Wanderer zehn Minuten vor meiner Ankunft in Finnegans Point dort einen Schwarzbären herumstrolchen sehen. Ich möchte nicht wissen, wie viele Wildtiere mich auf meinen Wanderungen schon beobachtet hatten, ohne dass ich sie wahr genommen hatte. Zum Aufbau meines Zeltes auf einer der Plattformen brauchte ich jedoch ein wenig Phantasie, da mein damaliges Zelt nicht ohne

Heringe stehen konnte. Irgendwann jedoch hielt es und ich lag in dem warmen Schlafsack und genoss die Entspannung in all meinen Gliedern.

Der nächste Tag startete immerhin schon mal trocken und er sollte sich auch so halten. Vorne weg, im Tagebuch steht an erster Stelle meines Eintrages abends: *„Mann ich wusste nicht wie schwer dieser Kugelschreiber ist."* Ich war total erschossen nach diesem Tag. Der Weg führte mehr oder weniger den ganzen Tag steil bergauf. Mein Ziel war heute das Sheep Camp am Fuße des letzten Anstieges, der Golden Stairs.

Der Weg war mal wieder mit unzähligen Felsbrocken gespickt, über die ich kraxeln musste und oft mein Gewicht mitsamt des Rucksackes aus dem angewinkelten Knie stemmen musste.

Im nächsten Camp, Canyon City, machen viele einen kleinen Abstecher über den Fluss, um sich zum einen den originalen Standpunkt anzuschauen, zum anderen lassen sich dort noch etliche Relikte aus der Goldrauschzeit finden. Dort steht unter anderem ein Dampfkessel, der eine Seilbahn antrieb, denn wer über genügend Geld verfügte, konnte seine Sachen auch mit dieser auf den Pass befördern lassen. Auch wenn der Weg heute mir immer länger zu werden erschien, war es atemberaubend schön. Alles war so ursprünglich, man wechselte aus dem Urwald in eine Gegend mit Bewuchs wie im Hochgebirge und oft war alles mit Moos überzogen. Dann folgte eine Begegnung der anderen Art, denn es überholten mich zwei Typen: jung, sportlich, fit, und zwar rennend! Ich konnte meinen Augen nicht glauben. Wie konnte man so verrückt sein und diesen Wahnsinnsweg rennen? Mir hing die Zunge bis zum Boden und ich drohte eher jeden Augenblick über diese zu stolpern. Beruhigen tat mich dann noch eine andere Begegnung am selbigen Tag. Ein Vater ging den Trail mit seinem Sohn und beide hatten denselben Frischheitszustand, waren also genauso fertig wie ich. Sie verkündeten freimütig, dass der Anstieg sie wohl morgen killen würde. Der Weg zog sich jedenfalls endlos hin, da Sumpf und Geröll das Vorwärtskommen sehr verlangsamte. Das Sheep Camp ist recht groß angelegt, da viele Wanderer hier übernachten, um am nächsten Tag von hier aus den langen Anstieg über die Golden Stairs zu starten. Das Camp trug seinen Namen von den Dallschafen, die hier früher gejagt wurden.

Der Anstieg morgen sollte fast die ganze Zeit im 45° Winkel nach oben gehen. Ohne Möglichkeit zur Übernachtung musste man diesen Weg im Gesamten überwinden. Im Sommer war es ein Kraxeln über reine Geröllfelder, mit Brocken zum Teil so groß wie ein Kleinwagen. Zu Goldrauschzeiten wurde dieser Weg im Winter bezwungen und dazu quasi Treppen in den Schnee geschlagen. Daher kommt der Name Golden Stairs, Goldene Stufen. Als ich abends geplättet im Zelt lag, fing es an zu regnen, was mich aber nur noch schneller eindröselte.

Die Golden Stairs

Morgens um 6:00 Uhr sollte es losgehen.

Gleich zur Motivation steht am Anfang ein Schild, das einen darauf hinweist, dass es acht Meilen zum Happy Camp sind und man dazu zehn Stunden benötigt. Na, das konnte ja was werden, ein wenig Bammel hatte ich schon. Nach einer Stunde war ich auch schon vollkommen erledigt und hatte ja noch ein bisschen was vor mir. Meine innerliche Frage immerzu war, wieso zum Henker tat ich mir das an? Eine Couch und eine Schachtel Pralinen wären doch auch nicht zu verachten. Aber die Natur antwortete. Denn sie überhäufte einen mit den unglaublichsten Eindrücken. Relativ schnell wechselte das Gelände ins Hochalpine, die letzten kümmerlichen Bäume verschwanden und das schon bei gerade mal 500 Höhenmetern. Das Gelände glich zum Vergleich dem auf 3000 Meter gelegenen Alpengebiet. Kurz vor dem eigentlichen letzten Anstieg des Passes, machte ich nochmal eine Pause und ließ die Natur auf mich wirken. Meine etwas unsichere Überlegung war, wie ich da nur hochkommen sollte. Aber was nützt es, also rauf auf die Beine, beziehungsweise zum Teil auch wieder runter zum Ursprung, auf alle Viere. Denn anders konnte man viele Stellen nicht bezwingen. Es war wirklich eine Tortur, zudem musste man höllisch aufpassen nicht das lose Geröll loszutreten und mit ihm den Hang hinunter zu stürzen. Genau dies passierte einem Typen, der neben mir den Aufstieg machte. Er stand auf einem riesigen Felsen als dieser anfing unter ihm ins Rutschen zu kommen. Mit viel Glück konnte er sich an den nächstbesten Felsen klammern und hing dann mit ganzem Gewicht an diesem. Dieser hielt. Es jagte einem einen ziemlichen Schreck ein. Zum Glück war ein fester Felsen in der Nähe gewesen und auch niemand unter ihm am Klettern. Felsen in Kleinwagengröße gegen den Kopf sollen sehr schmerzhaft sein!

Zeitgleich machte es aber einfach auch mal richtig Spaß sich bis an seine Grenzen zu begeben... und diese zu bezwingen. Irgendwann nach einer schier endlosen Ewigkeit sah ich die Warden Station mit der Kanadischen Flagge. Ich kriegte mich kaum mehr ein vor Freude. Dort machte ich erst mal Rast und genoss bei strahlendem Sonnenschein die Aussicht über den Crater Lake. Dieser ist einfach spektakulär und kaum zu beschreiben. Er liegt so malerisch eingebettet in rauer Landschaft und schimmert von hellem bis dunklen Türkis, das glatt unnatürlich scheint in seiner Farbe. Die Grenze stellt allerdings an diesem Tag nicht das Endziel dar, dieses ist das Happy Camp, was ja „nur" noch in 7 km Entfernung lag. Der Weg führte zur Abwechslung mal zwischenzeitig steil nach unten, am See entlang und nochmal ein wenig hinauf. Ich musste immer wieder auf Felsen rasten, um Luft zu schnappen, und im Happy Camp angekommen wusste ich bis in die letzte Faser meines Körpers warum es Happy Camp hieß. Es hätte keinen besseren Namen dafür geben können. Trotz allem war auch dieser Abschnitt einfach fantastisch gewesen. Ab dem Pass lief ich über Schneefelder und über Bäche. Hinzu kamen gefühlt tausende von kleinen Wasserfällen. Wie ich allerdings abends noch mein Zelt aufstellte, entzieht sich meiner bewussten Erinnerung, nur dass mir meine Knochen so sehr schmerzten, dass ich kaum Schlaf fand.

Am nächsten Morgen schaffte ich es zur eigenen Verwunderung wieder auf die Beine und das Ziel für heute lag in nur 8km Entfernung, Lindemann City. Daher konnte ich es gemütlich angehen. Zuallererst ging es aber mal wieder knackig nach oben, aber irgendwie trugen meine Füße mich auch dort hinauf, um darauf wieder nach unten zu laufen. So langsam standen auch wieder vereinzelte Bäume herum und die Vegetation wurde üppiger. In Lindemann City fiel ich allerdings schon um 16:00 Uhr ins Zelt und leckte meine Wunden.

Der letzte Tag auf dem Chilkoot Trail war angebrochen. Das Ziel ist der Bennett Lake mitten in der Wildnis. Somit ist man nicht wirklich am Ende der Tour. Ich startete wieder in aller Frühe und war schon in Bare Loon, als gerade mal die ersten aus dem Zelt blickten. Diesmal guckten sie, als hätten sie einen Geist gesehen und hielten mich wohl für so ziemlich verrückt, schon auf den Beinen zu sein. Der Rest des Weges war einfach zu laufen, trotz allem war ich überglücklich, irgendwann Bennett in der Ferne zu sehen. Man verfällt regelrecht in einen Rausch von Glück und kann sich zumindest ein kleines Stück vorstellen wie es sich damals angefühlt haben muss endlich hier anzukommen, nachdem man eine Tonne Ausrüstung über den Pass getragen hatte. Alle die an diesem Tag das Ziel erreichen, gratulierten sich gegenseitig und sind in absoluter Höchststimmung. Die meisten nahmen dann den Zug zurück nach Skagway, ich hingegen blieb noch eine Nacht und nahm am nächsten Tag das Wassertaxi nach Carcross. Das Wassertaxi entpuppte sich als kleiner Dreisitzer, was aber ein schöner Ausklang der Tour war, da ja auch damals hier alle mit ihren Booten oder Flößen starteten. Von Carcross ging es dann mit dem Bus zurück nach Whitehorse. Der Bus sah allerdings aus, als hätte man ihn direkt aus einem Museum geholt. So alt war er, dass ich dachte ich würde nicht mit ihm in Whitehorse ankommen. In Whitehorse zog ich erst mal wieder bei Dona im Hostel ein, um meine Knochen zu sortieren. Aber ich war unendlich glücklich, diesen Trail gemacht zu haben, so viele nette Leute zu treffen, was immer wieder auf meiner Reise geschah. Man freundete sich an, ging ein Stück des Weges zusammen und trennte sich wieder. Letzteres war nicht immer einfach, aber man traf immer wieder kurz darauf neue interessante Leute mit neuen Eindrücken und Erlebnissen.

Nach ein paar Tagen Erholung hieß es nun Abschied nehmen von meinem heiß geliebten Yukon. Was hatte ich für eine Zeit hier erlebt, was hatte ich gefroren, was hatte ich gelacht, oder geweint, was hatte ich einfach nur da gestanden und geatmet.
Viel hat es mir gegeben, kein Geld, kein Reichtum, aber ein Stück inneren Frieden und der ist um alles in der Welt das Kostbarste was man haben kann.
Nun saß ich im Greyhound Bus, um die gesamte Strecke bis nach Vancouver zurück zu legen. Das heißt, zweimal umsteigen und insgesamt um die 40 Stunden Busfahrt. Als der Bus losrollte versuchte ich noch nach hinten zurück zu schauen, doch schon allzu bald, nach einer Kurve, verschwanden auch die Grey Mountains aus meinem Auge. Sie waren in Wolken gehüllt und strahlten die Ruhe von eh und je aus. Die lange Busfahrt ging recht gut vorüber, da man immer mal hier und da mit einem einen Plausch hält. Normalerweise wäre sicher auch die Landschaft umwerfend gewesen, aber es schüttete mal wieder wie aus allen Eimern. In Vancouver kam ich dann in aller Frühe an und vertrödelte einfach nur den Tag. Denn am darauffolgenden Tag sollte meine Mum für eine Woche mich besuchen kommen. So setzte ich mich nächsten Tag ins Foyer des Hotels, wo wir wohnen wollten und wartete ein paar Stunden bis sie endlich ankam. Wir haben uns natürlich sehr gefreut, uns wieder zu sehen. Wobei ich wohl schon leicht Kreise schlug, da meine Mum ewig nicht kam. Genau sie hatten die Zöllner am Flughafen rausgezogen und sie musste alles auspacken und Fragen

beantworten, die sie nicht beantworten konnte, denn sie konnte ja kein Englisch. Meine Mum die Verbrecherin.

Danach gingen wir erst mal einen Eiskaffee schlürfen und ich bekam haufenweise Schokolade von zuhause. Tags darauf gingen wir den Standly Park besuchen und erlebten bei strahlendem Sonnenschein gleich mehrere Freilufthochzeiten auf einmal. Meine Mum war ganz hin und weg, sah man das doch sonst nur im Fernsehen. Wir gingen auch zu den Totempfählen und ich erzählte ihr alles darüber. Zudem war sie vollkommen begeistert von den Hochhäusern, die wohl eher Wolkenkratzer waren und dass sich hier alte und neue Häuser architektonisch nicht bissen. Man hatte eine gute Balance gefunden. Alles war allerdings auffällig laut, was mir gerade nach der langen Zeit Wildnis besonders zu schaffen machte. Die nächsten Tage schlenderten wir durch Gastown, China Garden und Chinatown. In Gastown beeindruckten uns vor allem die wundervollen alten Fassaden, die man mühselig wieder aufgebaut hatte, nach dem bei einem Feuer 1886 nur noch zwei Gebäude übrig geblieben waren. Auch das berühmte Wahrzeichen der Stadt war wirklich sehenswert: An einer Straße steht eine große Uhr, die mit Dampf betrieben wird. Es ist die weltweit erste Dampfuhr, die sogar noch über ein Spielwerk verfügt. Es gibt nur einen Nachbau dieser Uhr, der 1994 in Japan aufgebaut wurde, allerdings wird diese durch einen Getriebemotor aufgezogen.

Der China Garden hingegen ist zwar wunderschön aber sehr klein angelegt, so dass es uns dann nach China Town zog. China Town entstand 1858 nach dem ersten Goldrausch. Überall hingen rote Papierlaternen, bunte Drachen, man hörte chinesische Musik und sah die Schriftzeichen. Nach ein paar Minuten hatte man vergessen in Kanada zu sein.

Der China Garden.

Man konnte sich all die für uns Mitteleuropäer ungewöhnlichen Speisen in den Auslagen ansehen und es lag ein durchdringender Geruch in der Luft. Ob man diesen als köstlich oder als Magen umdrehend empfindet ist jedem selbst überlassen. Besonders angetan war meine Mutter von den Apotheken, mit tausenden von Kräutern, Essenzen und Eingelegtem, wo ich mir sicher war, es gar nicht unbedingt so genau wissen zu wollen, was diese enthielten. Die Woche verging jedenfalls wie im Fluge und so hieß es bald wieder Abschied nehmen. So fuhren wir gemeinsam zum Flughafen, flogen aber beide in entgegengesetzte Richtungen. Meine Mum flog wieder nach Deutschland und ich flog abends über Los Angeles nach Neuseeland.

Neuseeland

Neuseeland in drei Wörtern: Schafe, Schafe, Schafe...
Jedenfalls kam es mir am Anfang meiner Reise durch Neuseeland
so vor, denn auf der Nordinsel wird vorwiegend Land- und
Forstwirtschaft betrieben. Von den USA kam ich mit dem Flieger
auf der Nordinsel in Auckland an. Dies ist auch die am
dichtesten besiedelte Insel. Auf ihr leben etwa dreiviertel der
Einwohner Neuseelands. Vorneweg wäre zu sagen, das wohl am
meisten Faszinierende an diesen beiden Inselgruppen sind wohl
die Flora und Fauna. Ihre geographische Lage und ebenfalls die
schon vor langer Zeit erfolgte Trennung von sämtlichen
Landmassen, sorgten dafür, dass sich hier ein besonderes
einzigartiges Ökosystem entwickeln konnte.
Hier findet man auf doch recht engem Raum Vulkane, Geysire,
Schwefelquellen, unterirdische Höhlen mit tausenden
Glühwürmchen, Urwald und hohe, schneebedeckte Berge. Ich
wollte jeweils die eine Seite auf den beiden Inseln runter und die
andere Seite wieder rauf. Dies stellte die einfachste Wegstrecke
dar. Gleich am Anfang der Reise ging es über Waitomo und
wurde wohl mit Abstand mein surrealstes Erlebnis der gesamten
Reise. Dort befinden sich die sogenannten Waitomo Caves. Diese
sind wegen ihrer Glowworms so berühmt, nicht zu verwechseln
mit unseren Glühwürmchen. Es handelt sich um durchsichtige,
wurmförmige Pilzmückenlarven. Sie hängen in den Caves an
langen klebrigen Fäden und leuchten strahlend blau. Durch
dieses Licht werden Insekten angelockt, die dann an den Fäden
kleben bleiben und die Nahrung dieser Larven darstellen. In den
größeren Caves kann man sich bequem mit Booten
durchschippern lassen, aber das richtige Erlebnis ist doch, es

hautnah bei einer geführten Tour im Neoprenanzug zu machen. Zu allererst machte ich aber auch erst mal eine kleine Wanderung und Bootstour durch die Caves, um einen gewissen Eindruck davon zu bekommen. Ich fand es einfach unglaublich und wollte entschieden mehr sehen.

So fand ich mich im Neoprenanzug, mitten auf einer Kuhwiese wieder. Was zugegeben sicher ein sehr komisches Bild abgab und sich auch genau so anfühlte. So stapfte ich tapfer im Neopren um die Kuhfladen herum, um kurz darauf vor einem winzigen Loch in der Wiese zu stehen. Definitiv nichts für Leute mit Platzangst. Durch dieses Loch stiegen wir nun herab und man könnte sagen, erlebten unser blaues Wunder. Denn es war unbeschreiblich und leider kann ich das hier auch nicht wirklich vermitteln. Riesige Flächen an den Decken leuchteten strahlend blau. Aber auch die Höhlen selber waren so zerklüftet und eigenartig geformt, dass einem der Mund offen stehen blieb. Durch das wasserdurchlässige Gestein entstanden über Jahre die sogenannten Stalaktiten (von oben) und Stalagmiten (von unten), Tropfsteine in allen Größen. Wir kletterten nun in dieser unterirdischen Welt und erkundeten die Höhlen. Zuweilen musste man krabbeln, sich durch enge Felsspalten oder Löcher quetschen und auch mal von weiter oben in das eisige Wasser springen und ein Stück schwimmen. Alles in allem ein wirklich niemals zu vergessendes Erlebnis. Nach zweieinhalb Stunden war einem aber doch irgendwie recht kalt, so dass wir aus dieser unterirdischen Welt wieder ans Tageslicht stiegen.

Von Waitomo nahm ich dann den Zug nach Wellington. Diese Strecke ist schnell und kurz zu beschreiben. Schafe, Schafe und zur Abwechslung Schafe. Also ich habe ja nicht grundsätzlich was gegen diese bepelzten Tierchen, allerdings gab es da so viele und vor allem abschreckend viele tote Tiere, die mitten mang lagen. Das war kein so schöner Anblick.

Von Wellington aus nahm ich dann gemütlich die Fähre drei Stunden nach Picton und von dort aus kann man mit etlichen Busunternehmen den Weg in Richtung südlichsten Punkt der Insel nehmen. Mein erster Weg führte über Nelson nach Westport, wo ich mal so ein richtiges Mädchending gemacht habe. Ok, sie dürfen jetzt mit den Augen rollen. Wobei, wir hatten auch Männer dabei, von denen einer gleich drei Mal näheren Bodenkontakt suchte und somit zur allgemeinen Heiterkeit sorgte. Ich ging auf Reitertour, mit einem Riesengaul namens Luck. Wenn mir der Gaul nicht ständig Anstalten gemacht hätte durchzugehen, hätte ich es durchaus als bequemen Weg beschrieben, einen Teil der Insel zu erkunden. So war ich zuweilen aber eher damit beschäftigt, das wilde, durchgehende, galoppierende, über Palmen springende Pferd wieder runter zu bringen. Alle anderen erfreuten sich eines gemütlichen Schritt gehenden Pferdes. Aber auch so nahm ich die wundervolle Natur wahr. Die Palmenwälder, plätschernde Bäche und das Reiten am langen, unberührten Sandstrand. Nur halt alles etwas schneller...

Abends landete ich in einem alten traditionellen Pub inmitten einer Party. Ich versuchte, mich möglichst schnell dünn zu machen, um, wie ich damals schrieb, mit Rudi kuschelnd am Strand einzuschlafen. Nicht was sie jetzt schon wieder denken, Rudi war mein Stoffhund! Ja ich weiß, mehrere Kilo im Rucksack schleppen und dann auch noch einen Elch und einen Stoffhund mitnehmen.

Der Fox Gletscher

Danach ging es mal wieder zu einem neuen Abenteuer und nächsten Highlight meiner Tour: Der Fox-Gletscher. Dieser liegt innerhalb des Westland Nationalparks und teilt sich in den Fox-Gletscher und den Franz-Josef-Gletscher. Die Maori nennen den Fox-Gletscher „Te Moeka o Tuawe", den ich gerne besteigen wollte. Das Besondere an diesen Gletschern ist, dass sie sich recht weit hinunter ins Tal ziehen und sehr starken Schwankungen unterliegen. Durch die niederschlagsreiche Westküste und die über die Tasmanische See heranwehenden Winde können sie schnell wachsen, aber sich auch zurückziehen. Der Fox-Gletscher schiebt sich zuweilen einen Meter pro Woche vorwärts. Da ich das Glück hatte alleine zu reisen, was so manche eher immer als traurig empfinden, stehen mir aber immer wieder andere Türen offen.

So hatte ich auch diesmal das Glück, einen Guide für mich alleine zu haben. Denn ohne erfahrenen Guide, der sich in diesem Gletscher auskennt, wollte ich keine Tour machen.

Ich wurde am nächsten Morgen früh abgeholt und bekam erst mal eine ordentliche Ausrüstung wie Axt, Steigeisen und Helm. Eine sehr ungewohnte Ausrüstung für mich, aber sehr überlebensnotwendig, wenn man in einen Gletscher steigt. Der Anfang stellte sich noch als recht einfach heraus, aber irgendwann ging es hinein in die tiefen blauen Spalten. Ein atemberaubendes, aber auch beklemmendes Gefühl. Ich krallte mich wie noch nie an meine Axt, schlug sie immer wieder möglichst tief in das Eis und stemmte mit aller Kraft meine Füße mit den Eisen in das Eis. Unter mir nur die unendlich scheinende Tiefe.

Es bleibt einem wirklich fast der Atem weg. Die tiefen Blautöne des Eises und man ist im wahrsten Sinne des Wortes mittendrin. Es ist eine andere Welt. Eine Welt der Unendlichkeit, eine nicht zu beschreibende Welt. Leider mussten wir an diesem Tag noch einen anderen Mann retten, der fünf Meter tief in eine Spalte hinunter gestürzt war. Wir zogen ihn wieder mit einem Seil heraus. Ihm war zum Glück nicht viel passiert. Laufen konnte er trotzdem nicht mehr und so wurde er mit dem Helikopter abgeholt. Am Ende des Tages konnte auch ich kaum mehr einen Fuß heben, glücklicherweise nur von der Anstrengung beim Klettern mit den gefühlt zehn Kilo schweren Steigeisen je Fuß. Trotz allem hinterließ es für mich unauslöschliche Spuren, und seit dem ziehen mich Gletscher magisch an. Immer, in welchem Land ich auch bin, versuche ich Gletscher zu besuchen. Ich bin zwar nie mehr auf einen gestiegen, aber alleine der Anblick verzaubert mich immer wieder aufs Neue.

Kurz darauf fand ich mich in Queenstown auf Abfahrtsski wieder. Ich muss dazu sagen, ich habe dies nie zuvor gemacht und worauf kommt man als erstes, wenn man an Neuseeland denkt, natürlich aufs Skifahren. Ok, ich gebe zu, schon ein wenig schräg. So nahm ich erst mal ein wenig Unterricht. Eigentlich stellte ich mich auch gar nicht so doof an. Aber wie ich so irgendwie mehr oder minder kontrolliert den Berg hinunterrutschte, war ich innerlich doch stark damit beschäftigt nachzuzählen, wie viele Knochen man sich eigentlich brechen kann!?

Ich muss sagen, ich bin bis heute nicht mehr auf Abfahrtsski den Berg hinunter, allerdings bin ich inzwischen so verrückt und hänge mir zwei, manchmal auch drei Huskies an den Bauch und stehe dabei auf Langlaufski und fetze zuweilen vergleichbare Hänge runter. Nur habe ich da jetzt bei dem Wahnsinn und der Schnelligkeit keine Zeit mehr darüber nachzudenken, was ich mir brechen könnte. Nur Fliegen ist schöner!

Danach ging es wieder in Richtung Norden, auf die andere Seite der Insel. Mein Ziel war Kaikoura. Dort haben schon 600 Jahre bevor die weißen Siedler 1900 kamen die Maoris gesiedelt. Die Küste bricht sehr steil ins Meer hinab, und durch seine günstigen Strömungen mangelt es nicht an Fischen aller Art. Inzwischen, in heutiger Zeit, hat sich der Ort dem Ökotourismus verschrieben und auch schon den Green Globe dafür erhalten. Heutzutage kommen viele nach Kaikoura wegen der Wale, Seehunde, Seeelefanten, Seeleoparden und natürlich den Delfinen.

Fröhliche Delfine

Auch ich habe mich dann auf ein Boot eingemietet und bin hinaus auf die See. Gut ausgerüstet mit Neoprenanzug, Brille, Schnorchel und Flossen ging es ab ins Wasser, vor dem ersten Schwarm, der an einem vorüberzieht. Grundsätzlich sollte ich sagen, habe ich ein wohl angeborenes natürliches Grundvertrauen in Tiere, so dass ich sehr unvoreingenommen und angstfrei ihnen begegne. Zudem bin ich seit der Kindheit geschwommen und mit Booten auf dem Wasser zuhause gewesen. Aber als ich dann dort im Wasser schwamm und der erste Schwarm an mir in handbreitem Abstand vorüber zog, wäre ich fast ertrunken. Es war so dermaßen aufregend für mich, dass ich mich kaum über Wasser halten konnte. Es ist unglaublich. Bei den nächsten Schwärmen hatte ich mich dann schon mehr unter Kontrolle und konnte dazu übergehen, es zu genießen. Was für ein Erlebnis!

Dort kamen hunderte von Delfinen auf einen zugestürzt, um handbreit unter dir oder an deinen Seiten vorbei zu schwimmen. Zuweilen hopsten sie über einen drüber oder kringelten sich spielend unter einem. Umso weniger Bewegungen man machte umso weniger ließen sie sich von einem stören und schwammen einfach ihren Weg. Es sind wirklich schöne Tiere, die leider zu oft eher das Problem mit Menschen haben, dass sie sich in ihren Netzen verfangen oder in dem Dreck der Meere verenden. Die gegenseitige Rücksichtnahme, die man meist zuhause gelernt hat, oder haben sollte, hört leider zu oft bei Tieren auf. An Land kam ich dann ins Gespräch und freute mich sehr, dass es zumindest hier den Delfinen noch sehr gut geht, da es an dieser Küste zum einen verhältnismäßig sauber ist und zum anderen noch große Mengen an Fischschwärmen gibt, so dass sie genügend Nahrung vorfanden. Im gesamten beeindruckte mich die Insel sehr. Man hat auf recht engem Raum so unterschiedliche Naturlandschaften und Verhältnismäßigkeiten, so dass man kaum hinterher kommt. Man tappt ein wenig wie Alice durchs Wunderland. Auch die letzten meiner Erlebnisse auf der Nordinsel Neuseelands sollten mich fast von den Beinen holen. Wobei das wortwörtlich genommen dann zum Teil ziemlich tödlich gewesen wäre. Aber erst mal wieder ab auf die Südinsel und hoch nach Rotorua. Rotorua ließ einem den Atem stocken oder auch den Magen umdrehen, wie man es nimmt. Die gesamte Stadt liegt auf einer gefühlt wenige millimeterdicken Erdkruste, und wenn man durch die Straßen zieht, qualmt es aus den Wiesen Schwefel!
Wie man das auf Dauer aushalten kann ist mir ein Rätsel, aber wahrscheinlich riecht man dies einfach irgendwann nicht mehr. Trotz allem hätte ich bei so viel Erdaktivität eine Heidenangst.

Die Einwohner selber nutzen gleich die hohe thermale Aktivität und heizen damit ihre Häuser. Sehr pragmatisch.

Die Blubberquellen

Im Wai-o-Tapu-Park kann man die thermalen Aktivitäten auf recht engem Raum in unterschiedlichster Form erleben. Wai-o-Tapu heißt heiliges Wasser, ich hatte eher das Gefühl im Hexenkochtopf oder im Labor eines durchdrehenden Chemikers gelandet zu sein. Heiliges Kanonenrohr, überall, wo man sich hin drehte, blubberte es, dampfte und waberte es in allen Farben. Dieses Gebiet entstand schon vor etwa 160.000 Jahren, die Seen oder Krater tragen so nette Namen wie Artist´s Palette oder Champagner Pool. Nennen Sie mich kritisch, aber ich habe irgendwie andere Assoziationen als leuchtend gelbe und rote Schwefelseen dabei. Beeindruckend ist es natürlich trotzdem. Man kann in handbreitem Abstand inmitten durch all diese

Schlammblubberquellen und heißen Quellen laufen, und wenn man dann ein wenig zur Ruhe gekommen ist, spuckt irgendein Geysir umher. So wandelte ich durch das Wunderland der Farben, denn nicht nur gelbe und rote Mineralienseen waren zu sehen, sondern auch weiße, grüne, braune, schwarze und purpurne, alles wirkt einfach nicht wie von dieser Welt.

Unweit davon liegt dann der Mount Tarawera, der im eigentlichen Sinne ein Vulkan ist. Zuletzt ist er 1886 ausgebrochen und hat alle umliegenden Dörfer, Farmen und Wälder unter Gestein und Schlamm begraben. Ich kann es nicht oft genug sagen: Ich bewundere die Leute, die dort wohnen. Der Tarawera ist zumindest nicht so aktiv, aber irgendwie... Auch auf einer meiner späteren Reisen durch Sizilien, unter anderem zum Ätna, sollte mich das immer bewegen, denn gerade der Ätna ist ja ein noch sehr aktiver Vulkan. Aber trotz allem siedeln Menschen an seinem Fuße. Sicher ist der Boden dort sehr fruchtbar, aber ich könnte dort nicht zur Ruhe kommen. Kurz nachdem ich den Ätna besichtigt hatte, brach er auch wieder aus. Ich schwöre, ich war es nicht!

In Taupo nahe Rotorua besuchte ich dann noch die Huka Falls, ein etwas entspannteres Programm. Dort stürzen durchschnittlich 220.000 Liter pro Sekunde in Stufen einen Canyon hinunter, um zum Schluss noch einmal 11 Meter tief in einen See hinabzustürzen. Das Wasser schillert wundervoll in Grün, Blau und Türkis. Einfach schön.

In Taupo war ich dann auch, sie werden lachen, in dem wohl interessantesten McDonald's überhaupt. Dort hatten sie nämlich eine Douglas DC-3, ein altes Flugzeug, auf die Wiese gestellt und abgesehen davon, dass die Sitzreihen ausgebaut und durch kleine Tische mit Stühlen ersetzt worden waren, war alles noch erhalten.

Man konnte also seine Pommes essen mit Blick aufs Cockpit und all seinen alten Instrumenten. Wie ich fand, eine schöne Idee.

Um dann aber danach nochmal so richtig den Boden unter den Füßen zu verlieren, ging es für mich ab in die Luft. Und zwar mit einem wohl genauso alten, klassisch roten, offenen Doppeldecker. Um es für mich wieder zu einem typischen Sabrina-Trip zu machen, war es natürlich wolkig und stürmisch. Immerhin man fragte mich ob mir das was ausmachen würde und ich schon mal mit kleinen Maschinen geflogen sei? Sicher, in Kanada war ich das, so sagte ich zu. Sie befürchteten wohl, dass mein Magen Richtung Kopf wandern würde. Der Pilot machte die Maschine erst einmal startklar und checkte die Technik, dann konnte ich auch schon hinter ihm Platz nehmen. Es gibt in dieser kleinen Maschine eh nur zwei Plätze. Ich bekam gegen den Wind dann noch eine klassische, alte Lederkappe, die vielleicht doof aussieht aber einfach sehr gut wirkt. Und ab ging es in die Luft. War das herrlich, all diese Landschaft von oben und die Luft um die Ohren. Zugegeben waren die Kurven allerdings schon gewöhnungsbedürftig. Denn, auch wenn man nicht wirklich raus fallen konnte, konnte ich kaum den Reflex unterdrücken mich irgendwie an den Seiten festzukrallen.

Es war jedenfalls eine wundervolle Art, Neuseeland auf Wiedersehen zu sagen, denn danach sollte es für mich von Auckland weiter nach Australien gehen.

Auf Wiedersehen

Australien

Nun war ich also in Australien, Sydney, angekommen. Was mir vorher nicht bewusst war, war, dass zu diesem Zeitpunkt die Olympischen Spiele dort stattfanden. Somit war die Stadt gerammelt voll. So versuchte ich ganz schnell einen Platz zu finden, um mich zu organisieren, zu sortieren und dann die Tage los zu kommen.

Da ich nicht so recht der Mensch für große Hitze bin, dachte ich mir am nächsten Tag es wäre eine tolle Idee zumindest mal kurz Abkühlung in einem offenen Schwimmbad zu suchen. Nun ja, was soll ich sagen, ich hatte Monate Wildnis hinter mir, ich hatte Gipfel erklommenen, aber im Schwimmbad an einer einfachen Stufe brach ich mir dann den Zeh!

Mann, es tat weh wie Sau. Da nun der Zeh die circa doppelte Größe annahm, kaufte ich mir ein paar Trekkingsandalen, um noch laufen zu können. So konnte es etwas lädiert also nächsten Tag losgehen. Die Route bestand zusammengefasst darin, dass ich von Sydney nach Melbourne weiter nach Adelaide und dann durchs Outback nach Alice Springs fahren oder auch gehen wollte. Von dort aus wollte ich den Flieger nach Cairns nehmen, wo das Great Barrier Reef liegt und dann die Küste wieder runter nach Sydney.

Die erste Station meiner Runde sollte aber nun Cambra sein. Dort gab es einen bevorzugten Strand, den sogenannten Känguru Beach.

Durch den ständigen Aufenthalt von Menschen hatten sich die sonst so scheuen Tiere sehr an den Menschen gewöhnt, so dass sie mittenmang sprangen.

Känguru Beach

Zugegeben wurden zumindest die Wildvögel natürlich auch handzahm, weil genügend Menschen daran Freude fanden diese zu füttern.

Ganz wie mit den Meisen, Spatzen und Enten in Deutschland nur dass hier im Vergleich riesige farbenprächtige Tropenvögel einem auf der Hand saßen. Es war schon einfach sehr beeindruckend sie so nah zu sehen, wenn auch vielleicht nicht ganz so schön wegen der Fütterung. Ansonsten sprangen ringsumher munter und fröhlich einem die Kängurus über den Weg. Diese waren zwar nicht angefüttert worden, waren aber an den Menschen ebenfalls schon so sehr gewöhnt, dass man sie zuweilen sogar berühren konnte. Selbst die Muttertiere störte es nicht weiter und man sah oft die Kleinen aus dem Beutel gucken. Da ich mich trotz allem aber nie den Tieren aufdrängen möchte, hockte ich mich einfach ruhig an eine Stelle und beobachtete sie. Schlussendlich kamen sie dann von ganz alleine angehüpft, und ich konnte sie berühren und von nahem betrachten.

Als nächstes Ziel hatte ich mir dann Phillip Island gesteckt. Diese Insel erreicht man recht bequem über eine lange Brücke. Der größte Teil der Insel besteht aus dem Phillip-Island-Nature-Park. Dieser ist geprägt durch sehr unterschiedliche Landschaftsgegebenheiten und eine reichhaltige Fauna. Doch die meisten zieht es wohl auf die Insel, um die Attraktion der „Pinguin Parade" zu sehen. Das Schauspiel ist zweimal am Tag zu bewundern. Morgens ziehen tausende von Zwergpinguinen zusammen über den Strand, von ihren Behausungen an der Küste, ins Meer und abends natürlich wieder zurück. Ich gebe zu, ich finde Pinguine einfach zu knuddelig. Früher als Kind konnte ich sie nicht richtig aussprechen und ich machte Pinkelie daraus. Bis heute sind es für mich daher Pinkelie.

Leider fanden sich natürlich durch die Vermarktung des Schauspiels immer sehr viele Menschen morgens und abends ein. Ich konnte nur hoffen, dass es die kleinen schwimmenden Wunderwerke der Natur wirklich nicht störte von uns seltsamen Exemplaren angestarrt zu werden.

Dr. Eckart von Hirschhausen erwähnt schon in seinem Programm: Diese kleinen Vögel scheinen zu schweben, sie schwimmen mit einer Leichtigkeit und sind zehnmal windschnittiger als ein Porsche, und verbräuchten gerade mal einen Liter Sprit auf 2500 km. Wie genau diese These ist kann ich nicht beurteilen, aber wohl dass sie perfekt an ihr Element angepasst sind.

Die Route nach Melbourne ist landschaftlich durch sehr viel Busch geprägt. Damals schrieb ich in mein Tagebuch: *„Alles ist ganz gelb, die Rinde der Stämme von den Bäumen ist abgefallen und von der Sonne weiß gebleicht. Aber oben ist noch grün in den Bäumen. Genauso wie ich unten abgebrannte Stämme mit oben noch grün gesehen habe. Zudem gab es hunderte von kleinen Wasserfällen und Bächen zu sehen und überall rote Erde."*

Was mir aber als kleines Naturkind besonders gefiel, war, dass es unglaublich viele Koalas, Kängurus und Emus zu beobachten gab. An Tieren konnte und kann ich mich einfach nicht satt sehen. Im Tagebuch steht dazu kurz und knapp: *„Somit war ich absolut in meinem Element."*

Bevor es nun aber endgültig nach Melbourne ging, dachte ich, ich leiste mir mal den Luxus und schlafe nicht im Zelt sondern im Knast!... Räusper, ja Sie haben richtig gelesen, ich landete im Knast. Was hatte mich dahin gebracht? Nein, ich hatte nichts angestellt, es war einfach ein ursprünglich altes Knastgebäude, was man jetzt als Hostel anbot. Das „Old Mount Gambier Backpackers". Im Jahre 1866 wurde das Gefängnis eröffnet. Es gibt einen Männer- und einen Frauenbereich. In den Jahren gab es dort drei Exekutionen, vier natürliche Tode und fünf Selbstmorde. Selbst Kinder wurden hier mitsamt den Erwachsenen eingesperrt. Bis vor wenigen Jahren wurde es nach wie vor als Gefängnis genutzt. So ist bis heute die beklemmende Atmosphäre eines Knastes zu spüren, und viele berichten von Geräuschen des nächtens, wie Schritte, oder dass geheimnisvolle Figuren auf den Fotos an den Wänden erscheinen. Es ging sogar schon so weit, dass welche vor Ort waren und nach paranormalen Aktivitäten gemessen haben. Ob es nun die Seelen der Toten sind, oder doch nur wilde Tiere, die von draußen Laute von sich geben, muss jeder für sich selbst entscheiden. Ich jedenfalls schlief sehr gut.

Nach Melbourne ging es nun über die Great Ocean Road nach Adelaide.

Wie der Name schon sagt

Besonders hervorzuheben ist natürlich die Great Ocean Road, die im April 2011 als nationales Denkmal eingetragen wurde. Die B100 hat eine Länge von 243 km und sie ist wirklich einfach nur wundervoll. Entlang dieses Küstenabschnitts sieht man die eigenartigsten Fels- und Sandformationen. Zudem eigneten sich für mich die ganzen eigenartigen Grotten hervorragend zum Campieren. Hier in Australien brauchte ich im Grunde kaum mein Zelt, doch ich gebe zu, dass ich es trotzdem oft aufbaute, da mir so ziemlich giftige Krabbeltierchen wie Skorpion, Spinne und Schlange einen Heidenrespekt einjagten. Da kuschel ich doch lieber mit Grizzly und Co.. Auch wenn oft dokumentiert, muss ich sagen, war auch ich großer Fan der „zwölf Apostel", es sind einfach zu ungewöhnliche Sandskulpturen, die an dieser Küste entlang im Wasser stehen. Man sieht Sandschichten in allen möglichen Farben. Ich hätte nie gedacht, dass es Sand in so ungewöhnlichen Farben und Mengen gab.

Dies sollte mich aber länger begleiten, denn, wenn eines Australien hat, dann Sand!... und das in Unmengen. Zuweilen stellte ich mir oft die Frage, wie man an bestimmten Plätzen im Land überhaupt Leben konnte. Denn soweit das Auge reichte, gab es nur eines, Sand!

Was soll ich also landschaftlich aus dem Outback berichten!? Sand und unendliche Hitze, so dass tief im Outback die Menschen sogar unter der Erde leben. Wie in Cooper Pedy. Dies ist eine Opal Stadt. Denn dort findet der weltweit größte Abbau statt, von den zudem mitunter teuersten Opalen. Es leben dort knapp 1700 Einwohner und alle leben sie unter der Erde, denn dort ist es durchgängig gleichmäßig kühl temperiert. Überirdisch würde es eine starke Klimaanlage erfordern, um die Hitze auf Dauer zu ertragen. Die Eingänge liegen überirdisch und stellten früher den Eingang zum Minenschacht dar. Da die alten Minen heute bei weitem nicht mehr ausreichen, werden inzwischen diese Wohnungen künstlich gefräst oder Wohnungen erweitert. Ich empfand diese Lebensweise als vollkommen wahnwitzig, ein Leben unter der Erde. Selbst das Mobiliar war zuweilen einfach aus dem Stein gefräst.

Einen gewissen Humor hatte ich allerdings bei den Kirchen, die natürlich auch unter der Erde lagen. Mal ganz grob gesehen, die falsche Richtung...!

Die Kirche

Aber nicht dass die Kultur hier zu knapp käme. Es gab auch einen Golfplatz, allerdings selbstverständlich ohne Rasen. Hierfür tragen die Golfer ein Stück Rasen als Ziel mit sich herum. Man muss flexibel sein. Auch ein Kino existiert, wo bis heute ein altes Warnschild aus vergangener Zeit hängt: *„Das Mitbringen von Dynamitstangen in den Vorführraum ist strengstens untersagt!"*. Gut, dass das erwähnt wurde...!

Ich war zwar fasziniert von Cooper Pedy, aber dort zu leben erfordert wohl eine besondere Einstellung. Ich könnte mir das einfach nie im Leben vorstellen.

Die Eingänge zu den unterirdischen Behausungen

Wobei zugegeben, auch auf mich die Opale einen gewissen Reiz ausübten. Interessant war, dass ich auch die Chance bekam, direkt bei der Verarbeitung zusehen zu können. Was aus einem meist äußerlich gräulichen Stein binnen kürzester Zeit entstand. Mir war nur nicht ganz klar, wie man manchmal überhaupt erkannte, dass in einem Klumpen aus Stein ein wunderschöner Opal eingeschlossen lag.

Nach ein paar Tagen zog es mich weiter in Richtung Alice Springs, dort wo der Ayers Rock steht. Von den Ureinwohnern (Aborigines) allerdings Uluru genannt. Für sie ist es ein heiliger Stein. Von Cooper Pedy nach Alice Springs nahm ich bequem einen Bus, um die doch sehr unwirkliche Strecke zu überbrücken. Bei der Tour kam ich mit dem Busfahrer ins Gespräch, der mir von der örtlichen Bootsregatta erzählte, diese leider ab und zu ausfallen musste wenn Wasser im Fluss gewesen sei!?

Was???

Nun ja, ich bin, wie ich schon erwähnt hatte mit ziemlich wenig Englisch auf meine Reise gegangen, aber nun lag schon eine Weile verstrichene Zeit hinter mir und mein Englisch klappte inzwischen recht gut. Aber eine Regatta, die ausfällt, weil Wasser im Fluss ist, konnte ich mir beim besten Willen nicht erklären. Ich schob es dann doch auf meine fehlenden Englischkenntnisse und dass das australische Englisch eh nochmal eine ganz andere Sache war. Bei uns wäre das wohl mit einem Berliner und einem Urbayern gut zu vergleichen. In Alice Springs angekommen schlenderte ich durch die Stadt und an einem Postkartenständer vorbei. Da fiel es mir dann vor die Augen. Ich sah eine Postkarte mit einem Bild der Regatta. Darauf sah man bootsähnliche Konstruktionen ohne Boden, die von Mannschaften getragen wurden, und zwar durch das Flussbett des Todd.

Die Mannschaften werden in Klassen eingeteilt, nämlich in Zweier, Vierer, Sechser, usw... Die Boote hierfür werden gestellt. Wiederum gibt es dann aber nochmal eine offen Sparte, wo alles startet was selbstgebaut wurde und irgendwie die Ähnlichkeit eines Bootes aufweist. Auch wenn dies eine nicht ganz ernstzunehmende Regatta ist, wird sie seit Anfang der 60er Jahre ausgetragen und der Erlös für humanitäre Zwecke gesammelt. Bei dieser Regatta werden auch vorzugsweise Plakate bzw. Schilder angebracht mit der Aufschrift „Vorsicht bei Haien" oder „Angeln verboten".

Der Uluru

Nächsten Tag ging es dann für mich auch zum Uluru, dieser ist ja schon weit in der sonst so flachen Landschaft zu sehen. Auf dem Wege dahin, dem Lasseter Highway, denkt man oft vorher schon den Uluru zu sehen, dabei handelt es sich um den Mt. Connor, von den Ureinwohnern Attila genannt. Dies ist eine ähnliche Erhebung, nur dass der Berg oben regelrecht glattgehobelt aussieht. Ich selbst habe ihn mir nicht näher angeschaut. Auch da man mal wieder eine Genehmigung brauchte, da er sich auf Privatgelände befindet. Der Attila ist für die Aborigines kein heiliger Ort. Sie glauben indes, dass der Attila der Wohnort des Eismannes ist, der im Winter für die Minustemperaturen sorgt. Der Attila und der Uluru sind beide fast gleich hoch. Der Uluru erhebt sich um die 350 Meter und hat einen Umfang von 9 km. Die Ureinwohner sind aber hinsichtlich des Tourismus seiner sehr betrübt, denn sie wollen nicht, dass der Berg bestiegen wird. Doch täglich werden hunderte Menschen in Bussen hingekarrt und alle besteigen den Berg. Da ich den Wunsch der Aborigines respektiere, beließ ich es bei einer Umrundung des Berges. Was ich zudem als weitaus schöner empfand, denn so sah man den Stein in allen seinen recht ungewöhnlichen Strukturen und konnte sich auch die Felsmalereien ansehen. Die Sonne dazu sorgte für ein interessantes Farbspiel. Abends schaute aber auch ich mir den wunderschönen Sonnenuntergang aus einer gewissen Entfernung über dem Stein an. Dies ist einfach ein brillanter Anblick.

Danach ging es für mich weiter zu den 30 Kilometer entfernten Olgas, original Kata Tju a. Dies ist eine Gebirgskette, die aus 36 Bergen besteht, mit dem höchsten Gipfel von 564 Meter. Der Kata Tju a ist ebenfalls eine heilige Stätte, aber es führen zwei genehmigte Wandertouren durch sie hindurch, auf denen man sie einfach nur bestaunen kann. Denn auch sie sind rau, spröde und zerklüftet und erstrahlen in allen erdenklichen Rottönen. Geschichtlich sind der Uluru und der Kata Tju a zur selben Zeit entstanden.

Was auf mich aber nochmals einen großen Eindruck machte ist der Kings Canyon. Er befindet sich in circa 245 km Luftlinie südwestlich von Alice Springs. Es ist kaum zu beschreiben, die Gegend ist schroff und zerschnitten mit Felswänden von über 100 Metern Höhe, so als hätte sie einer fein säuberlich mit einer Säge abgeschnitten. Die Wände sind in gefühlten tausenden von Sandschichten, in allen erdenklichen Gelb- bis Rottönen unterteilt. In der Felsschlucht selbst befindet sich der temporär wasserführende Kings Creek, der sich am Ende in einem größeren Wasserloch ergießt. Dadurch entsteht natürlich durch Schatten und Feuchtigkeit ein gutes Mikroklima in dem Pflanzen hervorragend wachsen. Endlich mal wieder grün, ich konnte mich fast nicht satt sehen, an all den Blättern und vielen Bäumen. Größter Genuss war allerdings auch wieder durch erfrischendes Wasser stapfen zu können. Der Canyon ist insgesamt durch seine „Domes" recht markant.

Die Domes

So nennt man die Form der Berge des Plateaus. Es sind quasi lauter runde Hügel in Schichten, die sich aus dem Grund so herausbilden, da sie aus zwei verschiedenen Sandsteinschichten bestehen. Diese tragen sich durch die Witterung unterschiedlich ab. Ich fand es sehr ungewöhnlich und genoss meine Wandertour durch den mächtigen Canyon.

Von Alice Springs ging es dann für mich im Flieger über die lange Strecke nach Cairns. Dort liegt das Taucherparadies schlechthin, das Great Barrier Reef. Ein Korallenriff mit einer Gesamtfläche von etwa 347.800 km². Zugegeben belasse ich allerdings gerne meinen Kopf über Wasser, so dass ich mir dieses Paradies unter Wasser nicht anschauen wollte. Zudem rannte mir die Zeit davon, so dass ich auf dem schnellsten Weg nach Sydney musste, um meinen Flieger zu erwischen. Leider konnte ich somit den Urwald des Küstenabschnitts nach Sydney nicht mehr erleben und meine Reise war damit in den letzten Zügen.

Nicht allerdings ohne mich in den letzten Tagen nochmal in ein wenig „Trouble" zu bringen.

Denn in Sydney angekommen war ich bargeldtechnisch vollkommen abgeschossen, was an sich nicht das Problem darstellte, da ich ja eine Master Card besaß. Also checkte ich in ein Hostel ein und war noch guter Dinge. Da sich auch in meinem Rucksack nichts Essbares mehr befand, ging es los Essen kaufen. Aber nichts, so was von nichts..., ich bekam einfach kein Geld mehr aus dem Automaten. Da ich zudem noch vor der Zeit der Selbstverständlichkeit eines Handys war, war ich in „Trouble". Ich hätte nicht mal das Hostel bezahlen können, in das ich eingecheckt hatte. Da es aber inzwischen Abend war, konnte ich nichts mehr ausrichten und ging hungrig und mit einem echt unguten Gefühl zum Hostel zurück.

Am nächsten Morgen bin ich früh auf die Beine und, Sie können es erraten, hungrig. Ich bin nicht zu gebrauchen vor meinem Frühstück. So machte ich mich auf, irgendwie meinen Hintern aus der Patsche zu holen. Ich bin dann zur nächsten Bank und habe zwei Frauen das Ohr abgekaut, diese erbarmten sich dann meiner einer und riefen die Notnummer meiner

Kreditkartengesellschaft an und reichten mir dann den Hörer. Am anderen Ende ein fröhlicher Mann, der mir erklärte, dass es wohl ein Computerfehler sei und er dies jetzt ändere für mich. Ich würde dann in einer Stunde wieder an Geld kommen. So erklärte ich ihm, dass ich ihn jetzt gerne dafür umarmen würde, so erleichtert war ich und er wiederum antwortete, dass er es gerne annehmen würde. Nach einer Stunde bekam ich tatsächlich wieder Geld aus dem Automaten und kaufte den Ladies von der Bank erst mal ein paar Pralinen, für die für mich unendliche Hilfe, die sie mir waren. Danach schlenderte ich beruhigt in den nächstbesten McDonald's und aß den weltbesten Burger, den ich je verspeisen sollte. Ich muss dazu sagen, dass ich eigentlich nicht wirklich der McDonald's Kunde bin, aber dort zu dem Zeitpunkt, war es das Paradies.

Von Sydney ging es dann über Singapur nach Deutschland, nach Hause. Mann war das seltsam. Ich wusste es ist mein Zuhause und doch war es so fremd. Ich brauchte eine ganze Weile, um wieder auf Spur zu kommen. Alles war so anders, plötzlich, nach so langer Zeit. War ich doch nun an den Rhythmus des Zeltens und des draußen Lebens in der Natur gewöhnt. Wobei ich ja schon wieder beim Planen war, für den Winter in Kanada, für den Winter beim Muktuk Kennel. Bei meinen jetzt schon so geliebten Schlittenhunden.

Winteraufenthalte im Yukon

Nun hatte ich meine Erdumrundung hinter mir, aber was nun? In das normale Leben zurück? Wer einmal die sogenannte „normale" Schiene verlassen hat, kann, glaube ich, nicht wirklich zurück. Man hat andere Sichtweisen, aber auch selbst wird man anders angeschaut. Allen, denen man begegnet, finden einen interessant, alle wollen gerne Geschichten hören, aber man gehört nicht mehr zu ihnen. Die Geschichten faszinieren aber entfernen einen auch von ihnen. Man ist nicht mehr so recht zu greifen. Aber auch selbst tut man sich schwer. Denn kann man wirklich beschreiben, was man erlebt und fühlt, wenn man einsam auf einem Berg steht, wenn man übers Fjell schaut und die Stille atmet? Wie die Sterne funkeln und einem so unendlich nah vorkommen, wenn man im australischen Sand liegt und tausende Sternschnuppen sieht? Dies lässt einen zuweilen sich ein klein wenig wie ein Alien fühlen.

So bleibt einem quasi nur noch die Flucht nach vorn, was in meinem Fall hieß, ab in den Winter nach Kanada, Yukon. Schließlich wollte ich nun ja neugierig erleben, wie sich echte Kälte anfühlt. Wie es sich anfühlt, mit einem Hundegespann durch die Weiten des Yukons und Alaskas zu fahren. Im Flieger nach Whitehorse überlegte ich mal wieder kurz über den Wahnwitz der Sache. Wenn ich aus dem Flieger aussteige, wie werden sich ohne Akklimatisierung minus 20C° oder bis zu minus 55C° anfühlen. Werde ich schlagartig zu einem Eisklotz erstarren?

Vorne weg: Nein, man wird nicht zu einem Eisklotz!

Sicher, ich habe so manch einmal echt gefroren, aber auch bis heute empfinde ich den feucht-kalten Winter in Deutschland als weitaus unangenehmer. Auch wenn es natürlich ab einem bestimmten Minusbereich auch in nordischen Ländern empfindlich kalt ist, um es nett auszudrücken. Zudem sollte man sich dann mit den Sicherheitsvorkehrungen auskennen, wie man mit extremer Kälte umgeht. Zum Beispiel einfach mal ohne Handschuh etwas anzufassen, kann sich als eine ziemlich blöde Idee entpuppen.

Der Flieger setzte zur Landung an! Aber wo um Himmelswillen wollte er landen? Ich kannte den kleinen Flugplatz von Whitehorse, aber da unten war nur Weiß!

In Deutschland war ich es noch gewohnt, dass bei einer Schneeflocke die volle Hysterie ausbricht und der Verkehr zum Erliegen kommt... und nun setzte der Flieger mit einer Selbstverständlichkeit im weißen Nichts auf und alles war gut.

Endlich war ich wieder da, in meinem zweiten Zuhause, aber alles, wirklich alles, sah so unglaublich anders aus. Alles war von einer dicken Schicht Schnee abgedeckt worden.

Als hätte sich ein Federbett über die Landschaft gelegt. Es war gleichmäßiger, ebener, denn, da wo Senken waren, legte sich der Schnee dicker hinein, so dass alles ein wenig glatt gebügelter war.

Man erkannte kaum die Gegend wieder. Hügel waren da, wo sonst keine waren, da sich der Schnee in Schneewehen bis zu etlichen Metern aufgetürmt hatte. Ein für mich bis dahin ungewohnter Anblick. Ich war froh, wieder diese Luft und diese Stille atmen zu können. Es war fast noch ein Stückchen stiller, als still, denn nun schluckte der Schnee noch zusätzlich die Geräusche der Gegend. Das einzige ist das Knirschen des Schnees unter den Boots. Zur Erklärung: Boots sind dicke Winterstiefel für hohe Minusgrade.

Schnell lernte ich in der Zukunft schon am Knirschen des Schnees circa zu wissen, wie kalt es ist. Es war mir bis dahin noch vollkommen unbekannt, wie viele Konsistenzen von Schnee es gab. Die Inuit sollen den Geschichten nach über 100 Wörter für Schnee haben, dies konnte man hier gut nachvollziehen, wie viele Wörter es auch sein mögen.

Dann fuhr das Auto um die Ecke und ich sah alle meine geliebten Schlittenhunde wieder.

Mein neues Leben

Was war ich froh wieder hier zu sein. Bevor ich überhaupt erst einmal zur Hütte konnte, musste ich alle ordentlich begrüßen. War das ein Gejaule, denn jeder glaubte nicht dran zu kommen.

Danach ging es zur Hütte und ans Holzhacken, um einen gewissen Komfort zu haben. Dies sollte in der Saison oft vernachlässigt werden, da man einfach nur noch tot von all der Arbeit ins Bett kippte. Zudem es sich als sehr unangenehm herausstellte, dass, wenn man abends den Ofen anmachte, die Hütte warm und kuschelig wurde und sich natürlich mit weniger Kleidung ins Bett begab. Nach circa sechs Stunden wachte man dann als bibberndes Etwas auf und musste sich wieder anpellen.

Die Nacht war vorbei und der Morgen erwachte, was soll ich sagen, stellen Sie sich die kitschigste Postkarte mit Schnee, Bergen und Morgenrot vor, denn in genau dieser Kulisse stand ich nun. Es war einfach atemberaubend.

Aber ab, an das Füttern der hungrigen Meute. Dazu wurden im Haupthaus zweimal am Tag die Eimer mit warmem Wasser, Trockenfutter, Lachs, Ei-Mehl, Ölen und anderen Sachen gefüllt. Zudem wurden über den Tag dann entsprechend der Temperatur noch Fett und Fisch gefroren gereicht und natürlich noch einmal gewässert.

Dann ging es an das Herausschleppen der Eimer. Was aber im Winter wesentlich einfacher ist, da man sie vor der Türe auf flache Plastikschlitten stellen konnte und schon mal in Richtung der Hunde ziehen konnte. Nun kam eine Tätigkeit, die im Laufe der Saison zur absoluten Routine werden sollte.

Napf von der Stange nehmen, füllen, bücken, hinstellen und wenn sie alle fertig gefressen haben, wieder alles einsammeln. Also wieder bücken, Napf aufsammeln, an den Haken hängen. Zuweilen aber auch noch in die oder unter die Hundehütte krauchen und Napf suchen!

Bandscheiben ade.

Im Laufe der Saison stellte sich dazu noch oft ein Geräusch ein, ein ahhhh... bumm... Dies war einer der anderen Doghandler, der mit einer überraschenden Regelmäßigkeit vor den Hunden näheren Bodenkontakt suchte. Zur großen Freude der Hunde übergoss er sich dabei regelmäßig mit der wundervollen aufgeweichten Fleischpampe. Der Hund, bei dem es dann entsprechend passiert war, war für den Rest des Tages beschäftigt das Futter vom Boden zu kratzen und zu verspeisen.

Nach der Morgenrunde durften auch wir Doghandler dann was zum Frühstück essen. Auch hier wurden wir mit der Zeit gut konditioniert möglichst viel morgens in uns reinzustopfen, da man zumeist den Rest des Tages einfach nicht mehr so recht dazu kam. Höchstens beim Training der Hunde wurde dann auf dem Schlitten genüsslich an gefrorenen Schoko- oder Früchteriegeln gelutscht.

Man wusste auch mit der Zeit welche gefrorenen Lebensmittel sich gut verspeisen lassen. Der Rest an Essen wurde, wenn man längere Zeit unterwegs war, einfach in Plastiktüten geknotet und beim Erhitzen des Hundefutters auf dem Spirituskocher mit hineingeworfen.

Nach dieser Stärkung konnte der Tag losgehen. Zu der schönsten und beliebtesten Aufgabe, dem Kotkratzen! Die Menge können sie sich bei über 100 Hunden auch ohne nähere Beschreibung vorstellen. Danach mussten die Teams trainiert werden, mit Gästen ein Ausflug gemacht werden, oder auch mal so nebenbei bei den Hunden die Krallen geschnitten werden. Was rein rechnerisch schon mal bei allein 100 Hunden mit 400 Füßen und damit 1800 Krallen zu Buche schlägt. Ein etwas längeres Unterfangen.

Mit der Zeit entwickelten wir auch ein gutes System, um den Überblick nicht zu verlieren. Denn alle Hunde sollten ja entsprechend regelmäßig trainiert sein, und es gab ja auch immer Hunde, die besondere Fürsorge mit entsprechenden Medikamenten etc. brauchten. Ich entwickelte mich zu einer kleinen Krankenschwester und versorgte die entsprechenden Hunde mit allem Nötigen. Dazu legte ich mir eine große Tafel zu, an der stand welcher Hund, was, zu welcher Zeit brauchte, aber auch welcher Hund in Hitze war, um ungewollte Deckungen zu vermeiden. Denn in diesem Punkt sind Rüden dann sehr erfinderisch, um zu ihrer Angebeteten zu kommen.

Auch für das Training legten wir uns eine riesige Tafel zu, wo wir die Hunde in Teams aufteilten und in welcher Position der entsprechende Hund lief. Denn jeder Hund hat seine Position im Team, der eine eignet sich als Leithund ganz vorne im Team, der andere ist eher der kräftige Zieher und am Stabilsten, um als Weeler direkt vor den Schlitten gehängt zu werden, was eine oft unterschätzte Position ist wie ich finde. Denn diese Hunde müssen die Bewegungen des Schlittens abfangen und ihn konsequent gerade ziehen, nur durch gute Arbeit von diesen Hunden lässt sich der Schlitten einfacher vom Musher lenken. Dann kommt, wie ich gerne sage, die fröhliche Mitte. Dort sind all die Hunde, die ziehen und Tempo machen, dies sind die sogenannten Swing-Dogs.

Wir teilten jedenfalls alle ein und schrieben über die einzelnen Teams aufgeteilt die Doghandler, die dann entsprechend dafür Sorge tragen mussten, dass sie genügend Bewegung hatten.

Darunter wurden dann auch teamweise die Hundegeschirre gehängt. Dies vereinfachte die Suche erheblich, denn jeder Hund hat sein eigenes passendes Geschirr, mit seinem Namen darauf.

Geschirr-Wahnsinn

Als ich aber dort anfing, lagen über hundert Geschirre auf einem Haufen, was es zu einer Sisyphusarbeit gemacht hätte jedes Mal die entsprechenden Geschirre herauszusuchen.

Nun kommt allerdings die absolute Wahrheit, es ging an das Training der Hunde. Klar werden Sie denken, darum war ich ja da. Ich liebte die Hunde über alles, genoss jeden Tag mit ihnen, ABER... wenn es ans Training ging, machte ich mir, glaube ich, mindestens die ersten 50 Ausfahrten in die Hose vor Angst. Denn stellte man den Schlitten in das Kennel, fingen zeitgleich alle Hunde an zu kreischen und wollten mit. Es war ohrenbetäubend und lies einem das Adrenalin bis in den Verdampfungsbereich ansteigen. Man rannte irgendwie nur noch und versuchte vollkommen durchdrehende Hunde ins Geschirr zu stecken und an den Schlitten zu hängen. Waren nun alle dran, hieß es Sicherungsleine reißen und gut festhalten, denn in gefühlten Millisekunden war man aus dem Kennel geschossen und nicht mehr gesehen. Schlagartig war es wieder still im Kennel. Ich konnte lange nicht begreifen, wie andere Musher in aller Seelenruhe ihre Hunde anspannen und lächelnd lossausen konnten. Für mich stand jedenfalls jedes Mal fest, ich werde sterben!

Es brauchte lange, bis ich ein kleines Gefühl von Kontrolle bekam und nicht jedes Mal mit meinem Leben abschloss. Das einzige, was mich am Anfang durchhalten ließ und doch wieder auf den Schlitten steigen ließ, war mein Dickschädel.

Ich wollte unbedingt dieses Leben, diese Freiheit!

Später lernte ich selbst im Fahren mein Geschäft zu erledigen, natürlich nur auf gerader, ebener Strecke. Bis dahin lernte ich so manch einen Baum in der Kurve näher kennen als mir lieb war.

Aber ich lernte auch, dass es so richtig die vollkommene Kontrolle nicht gab. Ich erinnere mich dabei bis heute an ein Treffen alter, jahrelang erfahrener Musher, die allesamt etliche Male das Yukon Quest gefahren waren. Wir saßen alle an einem Tisch in einer Pizzeria in Whitehorse. Deren Pizza sicherlich gut war, ich nur leider an diesem Abend nicht einen Bissen davon wirklich herunter bekam. Denn alle berichteten von ihren Trainingsanekdoten und den ganz normalen Musher-Wahnsinns. Wie oft sie wo und wie hinter ihren Hunden hinterher geschreddert waren. Von der Menge an verbrauchter Prellungs- und Stauchungssalbe lebt wahrscheinlich die Industrie.

Für mich echte Freiheit

Mit der Zeit stellte sich aber auch bei mir eine gewisse Routine ein und ich bekam sogar die Landschaft um mich herum mit. Und dies war eine Landschaft, die kaum zu beschreiben ist. Diese Berge und doch auch diese offene Landschaft, diese unendlichen Weiten.

Man hätte sie ohne die Hunde wohl kaum gesehen. Das gleichmäßige Ziehen der Hunde, die Stille, diese unendliche Stille, nur das leise Hecheln der Hunde...

Des nächtens campierte man zuweilen bei längeren Ausfahrten mit den Hunden an einem Lagerfeuer, das brannte und Wärme verbreitete. Zeitgleich schien oft der Himmel ebenso zu brennen, in allen Farben, die eine Aurora Boralis (Nordlicht) zu bieten hat. Die Indianer sagen, es sind die Seelen der Verstorbenen. Man könne sie wispern hören dort oben.

Ganz ehrlich, dort draußen alleine in der unendlichen Weite und Stille, bekommt man eine andere, neue Beziehung zur Natur. Man erlebt vieles, was sich einfach kaum erklären oder beschreiben lässt. Die Welt da draußen ist mystisch, auch wenn ich nicht gläubig bin, bin ich doch davon überzeugt, dass die Indianer so manch ein Wissen besitzen, das wir Westlichen nie begreifen werden.

Im Laufe der Zeit wurde ich immer sicherer in dem Umgang mit den Hunden und alles wurde zu einer gewissen Routine. Morgens Hunde füttern, frühstücken, Kot kratzen, wässern, dann Training, Fisch oder Fett reichen, und abends nochmal füttern. So langsam konnte ich mich also entspannen und an das nächste Abenteuer denken, das Yukon Quest. Für dieses Rennen hatten wir nochmal ganz besondere Hunde im Kennel stehen, die ich bis dato nie trainiert hatte. Nun sollte es aber losgehen. Zuvor hatte ich ja, muss man erwähnen, schon mehrfach Zehnerteams trainiert und fühlte mich sicher. Also holte ich den Schlitten raus und hängte, warum auch immer, intuitiv nur erst mal vier Quest Hunde ein. Dies stellte sich als sehr weise heraus, denn als ich nun die Sicherungsleine zog gab es einen Ruck und ich schoss in einer mir bisher vollkommen unbekannten Geschwindigkeit aus dem Kennel. Ich hatte null Kontrolle und nahm, wie soll ich sagen, die Kurven recht sportlich. Sie werden denken um Himmels willen, warum trat sie dann nicht die Bremse. Gute Idee, dazu musste man aber erst mal wieder richtigen Bodenkontakt erlangen. Da aber ich und auch der Schlitten sehr leicht waren, mutierte ich eher zum Wimpel hinten daran. Nach ein paar Kilometern hatten wir wieder unseren Lauf gefunden und ich konnte über den Wahnwitz nachdenken was das für Tiere waren. Diese haben mit jeder Faser ihres Körpers den „Will to go", es ist unbegreiflich, was sie an   Energie und Lauffreude aufbrachten, und mir wurde klar, wie schwierig es sein musste Hunde zu finden oder zu züchten, die diese Eigenschaften mit sich brachten. Es war einfach nochmal ein ganz anderer Schlag Hund.

Unseren ersten Lauf beendeten wir dann in fast der Hälfte der Zeit, die ich sonst quasi gemütlich brauchte, und mir wurde klar, bei diesen Hunden musste ich nochmal ganz neu lernen.

Zu den Vorbereitungen des Quests gehören natürlich nicht nur die Hunde. So waren wir Doghandler Tage beschäftigt, gefühlte tausende von Fischen klein zu sägen und andere Fleischsnacks in Portionen zu zerlegen und alles einzutüten. Dies alles kam zum Schluss in große Säcke, die kurz vor dem Start dann an die jeweiligen Check-Punkte ausgeflogen wurden. Zudem waren

Massen an Booties, sogenannte Hundeschuhe, ebenfalls einzutüten. Auch das Equipment musste durchgegangen werden, Ersatzleinen gespleißt werden und Ersatzkufen für den Schlitten verpackt werden.

Bei diesen Vorbereitungen sah die Umgebung zuweilen wie ein Schlachtfeld aus, da alles ausgebreitet herumlag.

Die Hunde genossen währenddessen ein ganz ausgewähltes Wellness Programm, indem sie täglich mit Arnika Massageöl von oben bis unten massiert wurden. Da war so manch einer von uns neidisch. Zum Start des Quests waren sie dafür aber fit wie noch nie.

Das große Haupthaus

Mit der Zeit nahm das Leben im Kennel seine eigene Dynamik an. Jeder musste und konnte sich auf den anderen verlassen. Es war unglaublich hart und anstrengend zuweilen, so dass es auch ohne Kommunikation klappen musste. Aber es gab auch die ruhigen, gemütlichen Abende, die nicht ein Stück anders waren, als sie in alten klassischen Büchern beschrieben sind. Abende, an denen wir zusammen in der Hütte saßen, beim Licht der Petroleum-Lampe, die Fenster geschmückt von Eiskristallen. Draußen schwirrte das Nordlicht und wir erzählten uns Geschichten. Was wir erlebt hatten, Pech, Pleiten, oder auch Pannen. Dies gehörte mit zu den wundervollsten Momenten, die ich in der Zeit dort bei Muktuk hatte.

Ganz einfache, schlichte Momente, wo die Zeit stehen geblieben zu sein scheint.

Zum Thema einwandfreie Kommunikation habe ich allerdings bis heute nach so vielen Jahren immer noch ein schlechtes Gewissen zu einem unserer Doghandler. Denn durch mein nicht so einwandfreies Englisch war er den Rest der Zeit nach meinem Missgeschick in gewisser Weise ein wenig dem Spaß der anderen ausgesetzt. Es spielte sich ganz schlicht und einfach ab. Beim Füttern der Hunde teilten wir uns oft zu zweit die Arbeit und beim Losstapfen mit den Futtereimern sagte ich zu Paul: *„Can you make the Puppies“*, an Stelle von: *„Can you do the Puppies“*.

Ich hatte ihn also nicht aufgefordert die Welpen zu füttern, sondern sie zu machen! Niemand lachte mich dafür aus, aber den Rest der Saison hörte Paul nur noch von allen: *„Can you make the Puppies“*. An dieser Stelle, ganz großes Sorry. Dieser Fremdsprachenfehler wird mir wohl nie mehr unterlaufen. Das sind so die Härten beim Erlernen einer neuen Sprache. Jetzt hier in Norwegen ergeht es mir da wieder nicht anders. Ich will gar nicht wissen, was ich oft so sage und mein Gegenüber nur aus Höflichkeit den Lachkrampf runter schluckt.

Zu den wenigen ruhigen Momenten gehörte aber auch manchmal, dass ich nach der Abendfütterung, wenn noch Zeit war, einfach einen naheliegenden Berg im Tiefschnee hoch robbte, um vollkommen geplättet oben anzukommen und mich in den Schnee zu werfen. Dort saß ich dann einfach schweigend eine Weile und sah in die Ferne. Zurück ging es meist rutschend auf dem Hosenboden.

In dem ersten Winteraufenthalt ging ich auch zu einer sehr lustigen Veranstaltung im Yukon, das „Sourdough-Rendezvous", was so viel heißt wie Sauerteig-Rendezvous. Hierbei handelt es sich aber nicht um ein Treffen, wo es um Backwaren geht, sondern es geht um die alten Goldsucher. Sie wurden „Sourdough" genannt, da es damals zur überlebensnotwendigen Ausrüstung gehörte, immer ein Stück Sauerteig bei sich zu haben. Sie trugen es in einer Dose oder einem Glas bei sich unter der Kleidung und hielten es so warm. So hatten sie jederzeit ihren „Starter", um sich ihr Brot zu backen.

Heute ist es ein Fest, was die alten Zeiten lobt und die Stärke dieser Menschen. Es werden Wettbewerbe ausgetragen, bei denen schwere Mehlsäcke geschleppt werden oder auch Hunde Lasten ziehen. Auch werden Fallen im Weitwurf benutzt und Cancan-Tänzerinnen erinnern an die wilden Zeiten der Bars, wo wohl viele ihr schwer gefundenes Gold gleich wieder los waren. Vor allem amüsierte mich ein Schneeschuhtanz, was wohl zu den lustigsten Bewegungen des Tages führte. Auch genoss ich Honig am Stock, eine Köstlichkeit, die ich vollkommen unterschätzt hatte. Hierzu wurde einfach heißer Honig in den Schnee gegossen und dann konnte man ihn vom Stock knabbern. Echt lecker!

Auch fand ein Schlittenhunderennen statt, wo ich tatkräftig half. Einen mir bis dato unbekannten Musher brachte ich zum Start und versorgte seine zurückgebliebenen Hunde. Es stellte sich heraus, dass es der Abendteurer Nicolas Vanier war, der später auch eine Zeitlang mit seinen Hunden bei uns auf dem Kennel leben sollte, wo dann ein so manch gemütlicher Abend stattfand.

Auch eine Möglichkeit fürs Stake Out

Das Stake Out für die Hunde in Whitehorse war zuweilen recht erfinderisch zwischen zwei Parkuhren gespannt, wo ich mich fragte, ob sie wohl auch Parkgebühr dafür bezahlten?

Wo mir wohl aber an dem Tag am meisten die Augen aus den Höhlen purzelten, war, als ein Musher einem anderen einen

Hund vorführte und sie über das Grammgewicht in Gold für diesen Hund sprachen. Das war einfach ungewöhnlich für mich, auch wenn hier Goldnuggets noch als Bezahlmittel galten.

So über den Tag, inmitten der Fröhlichkeit und dem Lachen, stellte ich mal wieder fest, wie frei ich mich hier fühlte. Hier war ich glücklich und sorgenfrei, das hier war richtig für mich. Ich konnte meinen Weg gehen.

Zwischenzeitig landete ich auch noch in der „Yukon News", der lokalen Zeitung auf dem Titelblatt. Keine Sorge ich hatte mich nicht daneben benommen. Der Titel hieß, „ein Stück Frieden kommt an den Yukon". Hätte also schlimmer kommen können... Trotzdem war es mir sehr peinlich, stelle ich mich nicht so gerne in den Vordergrund. Dazu kam es durch einen Aufenthalt bei Dona im Hostel. Ihr langjähriger Freund lag im Krankenhaus, da er an Krebs erkrankt war. Zugleich hatten wir Gäste aus Japan. Sie erzählten von den Origamikranichen. Nach einer Legende bekommt derjenige, der 1000 Origamikraniche faltet, von den Göttern einen Wunsch erfüllt. Diese Legende entstand nach dem Tode des Atombombenopfers Sasaki. Sie faltete leider vergeblich diese Origamikraniche, um gegen die durch die Strahlung verursachte Leukämie anzukämpfen und dass die Erde wieder gesund würde. So ist in Japan der Kranich ein Symbol des Glücks und der Langlebigkeit. Heutzutage wird zu besonderen Anlässen dieser Papierkranich überreicht. Hierzu treffen sich im Vorfeld die Familie und Freunde und falten 1000 Stück. Man soll dabei möglichst fröhlich sein, damit sich dies auf den Kranich überträgt. Zum Schluss fädelt man immer 100 auf eine lange Schnur. So saßen auch wir stundenlang da und falteten Kraniche für Donas erkrankten Freund. Dies sprach sich herum, so dass irgendwann die Zeitung vor der Tür stand und darüber berichtete. Nach dem Erscheinen des Artikels in der Zeitung musste ich sogar noch in die nahe Grundschule, um den Kindern das Falten beizubringen. Donas Freund war ganz begeistert von unserem Werk, und ob Zufall oder nicht, nachdem ihm die Ärzte nur noch zwei bis drei Monate gegeben hatten, kam er nochmal aus dem Krankenhaus heraus und lebte noch 1 ½ Jahre, bevor ihn dann doch die Krankheit leider holte.

Zurück auf dem Muktuk Kennel ging es an die letzten Vorbereitungen, bevor das Quest starten konnte. Dazu gehörte dann auch ein Mushermeeting. Wozu sich alle teilnehmenden Musher trafen, Fragen beantworteten, Autogramme schrieben und gaben Interviews den Reportern. Ein Abend, an dem ich mal wieder mich am liebsten möglichst schnell in den Erdboden hätte auflösen wollen. Denn Frank schwärmte nicht nur gegenüber allen wie gut und liebevoll ich zu seinen Hunden sei, was mich zutiefst rührte, sondern gab selbst den Reportern wieder die Geschichte mit dem Teddybären zum Besten. Das hatten wir ja schon... es war ein ELCH! Es war mir jedenfalls wirklich peinlich.

Irgendwann kam aber der große Tag, der Start des Yukon Quests. Alles war vorbereitet, alles war gefühlte hundert Mal kontrolliert, und auch die Hunde waren durch die letzten tierärztlichen Gesundheitschecks durch. Alle waren bereit. Ich schreibe jetzt im speziellen von dem zweiten Jahr, wo ich den kompletten Winter in Kanada gearbeitet habe. In diesem Jahr wurde das Quest wieder von Whitehorse aus gestartet. Somit trudelten alle auf der Second Avenue ein. Was war das für ein Tumult! Musher rannten mit ihren Doghandlern um die Trucks und richteten die letzten Dinge.

Die Hunde ließen wir noch im Truck ruhen, damit sie sich nicht zu früh hoch peitschten und machten noch ein letztes Foto von uns mit Frank auf dem vollbeladenen Schlitten bevor der Wahnsinn seinen Lauf nahm. Wir standen relativ weit entfernt von der Startlinie, was für ein mulmiges Gefühl sorgte, denn wir mussten später mit 14 aufgepeitschten, hoch trainierten Hunden diese Strecke bewältigen und an der Startlinie nochmal zum Halten kommen!

Wir sorgten für einen recht seltsamen Anblick, als wir später dort hinter den Hunden hinterher geschliffen wurden. Aber wir hielten irgendwie nochmal an der Startlinie an. Umgeben von hunderten ausgelassenen, freudigen Zuschauern, waren wir aber nach Ablauf der Startzeit nur noch froh loslassen zu können und ab ging es für Frank. Zuvor mussten aber die Hunde aus ihren Boxen geholt werden, nochmals gewässert werden und zum Schluss gebootet und in ihr Geschirr gesteckt werden. Nachdem das erste Gespann den Startbereich verlassen hatte, ging alles eh nur noch in einem ohrenbetäubenden Getöse schreiender Hunde unter. Alle wollten los, alle rannten irgendwie umher. Als wir dran waren, kamen noch ein paar offizielle Starthelfer. Zum Schluss hakten wir alle an der Gangline und schossen nach vorne, trotz Starthelfer. Dann war alles schon passiert, Frank war auf dem Trail, Good mush, wir hatten unsere Hauptaufgabe der Saison erledigt. Alle Hunde waren trainiert, fit und auf dem Trail. Natürlich gab es noch eine Menge an Arbeit weiterhin, aber ein Teil hatte gerade den Startbereich verlassen. Danach teilten wir Doghandler uns. Ein Teil ging zurück zum Kennel, um alle restlichen Hunde zu versorgen, der andere Teil fuhr als Begleiter mit dem Truck von Checkpoint zu Checkpoint. Außer in Dawson, bei einer längeren Zwangspause, die alle Musher machen müssen, dürfen die Doghandler in keinster Weise ins Geschehen eingreifen. Nur die an den Checkpoints auf der Strecke abgegebenen Hunde, die verletzt oder zu Müde waren, wurden von uns aufgenommen und versorgt. Der erste Checkpoint ist Braeburn. Dorthin zu gelangen erfordert schon einiges vom Musher und seinem Team. Noch sind die Hunde sehr aufgeputscht und ausgeruht und werden von noch hunderten Zuschauern abgelenkt, die durch Straßennähe guten Zugang zu Sichtplätzen auf den Trail haben.

Das Team muss sich erst etliche Kilometer einlaufen, um in seinen Rhythmus zu finden. Zudem gibt es auch hier schon etliche Abhänge und scharfe Kurven. Was es aber zu der unangenehmsten Herausforderung macht, ist der sogenannte Overflow. Dies ist Wasser, was durch Risse im Eis an die Oberfläche tritt und dort entweder zu einer spiegelglatten, harten Eisfläche gefriert, wo man keinen Halt findet, oder noch unangenehmer, nicht gefriert und teilweise bis knietief in dem Wasser steht. Dort muss man das Team dann durch eine Mischung aus Schnee, Wasser und Schlamm treiben, was dann binnen Sekunden in ihrem Fell gefriert. Der Trail kann sich gerade in diesem Abschnitt schnell von perfekten Bedingungen in die pure Hölle verwandeln, so dass alle froh sind, wenn sie diesen Abschnitt hinter sich haben. Es gibt aber auch das Gerücht, dass alle nur nach Braeburn wollen, um in der Braeburn Lodge anzuhalten. Denn dort gibt es wohl die weltweit größten und besten Cinnamon Buns, Zimtschnecken. Allerdings wird man auch auf der restlichen Strecke immer wieder mit Overflow Freundschaft schließen müssen. Nach diesen ersten 100 Meilen ist zumindest das Team in seinem Rhythmus und muss nicht mehr ständig von seinem Musher runter gebremst werden. Frank hatte noch zusätzlich auf der Strecke das Problem, mit seinem Team an seinem Kennel vorbei fahren zu müssen. Womit die Hunde natürlich nicht einverstanden waren. Für sie war die Arbeit getan, dort war doch ihr Zuhause. Wir Doghandler lagen versteckt auf einem Abhang und beobachteten das Spiel. Frank schaffte es aber gut sie daran vorbei zu kommandieren. Danach waren sie dann wieder in ihrem Lauf.

Von Braeburn geht es 77 Meilen nach Carmacks. Diese Strecke wird von den meisten in der Nacht gefahren, da es sich zeittechnisch meist so ergibt. Man könnte aber auch meinen, sie wollen möglichst einfach die Strecke nicht sehen. Bei Mushern heißt die Strecke „Pinball Alley", da sie ein enger kurvenreicher Trail ist, dessen Kurven oft in Spitzkehren verlaufen, umgeben von Weiden und Tannen, die einem verdammt nahekommen. Falls man dadurch nicht schon in voller Aufmerksamkeit auf dem Schlitten steht, wird man immer wieder aufgeweckt, indem man quasi senkrecht in Bachbetten fällt. So sahen wir viele Musher in Carmacks schon an ihren Schlitten basteln, denn entgegen wie beim Iditarod-Rennen dürfen die Schlitten nicht ausgetauscht werden. So sieht man schlussendlich in Fairbanks so manch eine Schlittenleiche über die Ziellinie rutschen.

Nach Carmacks geht es nach Pelly Crossing mit dem ersten Dogdrop Point. Das heißt, erste Hunde können dort abgegeben werden. Davon gibt es insgesamt fünf auf der Strecke. Zwischendurch muss der Musher dann den ermüdeten oder verletzten Hund mit im Schlitten transportieren, was natürlich ein Zusatzgewicht bedeutet. Aber auf der gesamten Strecke wird penibel durch Tierärzte an allen Checkpoints auf die Tiere geschaut, so dass alle ohne größere Verletzungen den Weg gehen können. Trotzdem ist es natürlich interessant, wer schon Tiere abgeben muss, denn denen fehlt auf der weiteren Strecke schon jetzt ein Zugtier.

Aber so manch einer muss hier schon komplett die Segel streichen. Oft gerade die Rookies (Anfänger). Sie haben meist ein zu hohes Tempo am Anfang vorgelegt. Aber die, die das Rennen kennen, wissen was sie auch bis dahin schon geleistet haben. Ansonsten hat man auf dieser Strecke so ziemlich dieselben Gegebenheiten wie in den Passagen vorher. Nur dass eben die Teams inzwischen besser zu händeln sind und die Strecken im Verhältnis zu davor mehr geradeaus an den Uferbänken des Yukon verlaufen.

Hiernach kommt der eigentliche Härtetest. Die längste Strecke bis nach Dawson mit 201 Meilen. Gerade mal ein Dogdrop befindet sich dazwischen, von insgesamt zwei bewohnten Buschhütten. Hier ist wirkliche harte, erbarmungslose Wildnis. Neben all den Trailgegebenheiten, die bisher schon waren, kommen nun noch die „Black Hills". Diese prägen weite Strecken der Landschaft, mit ihren tausenden von Hügeln. Sie sind allesamt nicht steil, aber die stetigen, langen Steigungen, wie darauffolgenden Talfahrten, fordern alles von Hund und Mensch.

Ich selbst hatte da so manch einmal geflucht bei den Trainingsfahrten, weil ich den Schlitten kaum halten konnte und er mir ständig seitwärts ausbrach. Zudem muss man die meiste Zeit mit rennen, was zu einer ziemlich ungleichen Konstellation führt. Denn steht man nur auf dem Schlitten, schaffen das die Hunde nicht und stellen irgendwann das Ziehen ein. Springt man ab vom Schlitten, mit einer Hand an der Handelbar, (dem

Haltebügel am Schlitten) ist meist das Team schneller als man selbst. So joggt man in kiloschweren Bunny Boots Hänge hoch, halb schleifend am Schlitten und verabschiedet sich von seiner Lunge. Zuweilen war ich fast schon froh, wenn es so steil war, dass ich den Schlitten mit schieben musste und es damit langsamer vorwärts ging. Nur, ich war dann ja nur ein paar Tage mit Zeit draußen unterwegs. Hier beim Rennen zählte die Zeit, und die Strecken waren weit länger als meine Trainings.

Kurz vor Dawson folgt dann noch mal zur „Entspannung" der „King Solomons Dome". Es ist einer der höchsten Punkte des Rennens, auf den man hoch muss und oh Wunder, fast im Freifall wieder runter. Hier herrscht fast immer Sturm, so dass die Kuppe schneefrei ist. Da es in dieser Höhe keinerlei Bäume mehr gibt, kann der Wind gnadenlos einen angreifen und man ist dem schutzlos ausgeliefert. Wer durch diesen Hexenkessel durch ist, landet in der alten Goldgräberstadt Dawson. Hier ist eine 36stündige Zwangspause, wo wir Doghandler dann ins Spiel kommen. Denn hier darf man an die Teams ran und quasi pflegen und füttern was das Zeug hält. Zudem erhält der erste Musher, der hier ankommt, vier Unzen Gold. Was zwar verlockend erscheint, aber für den Verlauf des Rennens meist ungünstig ist, da man dann ein zu hohes Tempo gefahren ist und die Hunde damit früher ermüden.

Wir Doghandler haben hier alle für unsere jeweiligen Musher Zelte aufgebaut, beziehungsweise für seine Hunde. Denn die Musher selbst schlafen in Dawson, verteilt bei einheimischen Familien oder auch in Hotels.

Das Lager für uns Doghandler und die Hunde in Dawson

Wir sind dann rund um die Uhr für die Hunde da. Dazu liegen die Hunde windgeschützt im Zelt auf Stroh und werden verwöhnt mit allem was ihr Herz begehrt.

So richteten auch wir alles her und plauderten bis zur Ankunft von Frank mit all den anderen Doghandlern. Es ist schon eine interessante Gemeinschaft, ein besonderes Völkchen, das diese Arbeit verrichtet. Wir konnten viel lachen und in gewisser Weise über unsere Musher, für die wir arbeiteten, ablästern. Wir waren uns alle einig, dass wir eine Selbsthilfegruppe gründen sollten und psychiatrische Hilfe benötigten. Trotzdem liebten wir natürlich was wir taten. Aber es tat einfach gut, in einem großen Kreis Gleichgesinnter zu sein, da man auf dem Kennel ja doch lange abgeschottet von der Welt lebte. Wir Doghandler hatten auch ein kleines Zelt mit Ofen, was ausschließlich zum

Aufwärmen genutzt wurde, denn zum Schlafen kamen wir in dieser Zeit nicht. Wir fütterten unsere Hunde mit allem was sie haben wollten und noch hinunter bekamen. Gingen immer wieder für zwei Minuten zum Pullern mit ihnen raus und massierten den Rest der Zeit sämtliche Muskeln und pflegten die Pfoten. Zudem bewachten wir ihren Schlaf, denn diesen brauchten sie am meisten, um sich zu erholen.

Anne, Franks Frau, hingegen kümmerte sich um Frank, um ihn wieder fahrfähig zu kriegen, denn oft sehen die Musher schlimmer aus als ihre Hunde. Als Musher bekommt man auf der Strecke kaum Schlaf, und die Kälte führt zu Erfrierungen an Fingern und Zehen. Wohingegen die Tiere unter ständiger Aufsicht von Tierärzten standen, kümmerte sich um die Musher keiner. In den Pausen, die so um die sechs Stunden dauern, ist man als Musher damit beschäftigt, das Strohbett der Hunde zu richten, Pfoten zu salben und das Futter zu kochen. So kommt man meist nur zu einem kurzen Schläfchen von einer Stunde. Im Verlauf des Rennens kommt es oft dazu, dass die Musher auf ihren Schlitten einschlafen oder Halluzinationen haben. Dies kann zuweilen sehr gefährlich für sie und ihre Hunde werden.

Dawson selbst ist eine sehr sehenswerte alte, zuweilen wieder restaurierte Goldgräberstadt. Sie hatte 1898 den größten Boom mit 40.000 Einwohnern, gerade mal vier Jahre später war sie schon wieder auf 5.000 geschrumpft. Die Stadt sorgt mit genauen Bau- und Erhaltungsvorschriften, dass sie im alten Flair erhalten bleibt. Man fühlte sich sofort wieder in alte Zeiten versetzt.

Dawson, nach wie vor in alter Pracht

Ich fand es zu faszinierend, mit wie viel Liebe oft die Gebäude gestaltet waren. Bis heute gibt es ein Spielcasino und Cancan-Tänzerinnen in alten Kleidern. Viele kennen die Stadt aus den Büchern des Jack London. Seine Hütte wurde von Steward Island hierher gebracht, aber auch die Blockhütte von Robert William Service steht hier.

Nach eineinhalb Tagen waren dann Hunde und Musher wieder startbereit und es konnte auf die 174 Meilen nach Eagle gehen. Es ist der erste von zwei Streckenabschnitten, die über lange Strecken über das Eis des Yukons verlaufen. Bis zur 40 Miles Cabin gleicht es zwar einem verhältnismäßig leichten Weg, aber scharfe Kanten von Eisaufwürfen und Overflow machen die Geschichte wieder schwieriger und erfordern volle Konzentration. Danach kommen wieder die geliebten bewaldeten Hügel und der

„American Summit", dessen Name ja schon verrät, dass man auf der Strecke die Grenze von Kanada nach Alaska überquert hat. Obwohl er nicht ganz so gefürchtet ist wie der „Solomons Dome" und der noch folgende „Eagle Summit", spielt hier auch wie immer das Wetter eine große Rolle. Haben sich die Teams dort hinüber gekämpft, folgt die Strecke dann auf dem ungeräumten und geschlossenen Taylor Highway. Hier sind die Teams ziemlich ab von allem, da dorthin kein Auto oder andere vordringen können. Gerade hier zahlt sich langjährige Erfahrung aus, denn wie auch schon vorher zählt nun ganz besonders sein Team zu kennen und eine Ausgewogenheit zwischen Pause und Rennen zu finden. Von hier ist es immer noch ein langer Weg bis über die Ziellinie. Alte Hasen fangen hier an, in gewisser Weise psychologische Kriegsführung mit ihren Gegnern zu spielen. Denn keiner weiß, ob der Konkurrent in einem Checkpoint eine längere Pause einlegt oder sie schon vorher irgendwo im Busch gemacht hat. Auch die Presse verbreitet entsprechend Gerüchte, da die Journalisten kaum einen Einblick von der Strecke haben.

Nach Eagle geht es 159 Meilen nach Circle City. Auf dieser Strecke mussten Trailbreaker zum Teil dem Streckenverlauf mit Axt und Kettensäge zu Leibe rücken. Hier ist die größte Gefahr der Yukon als Fluss selbst. Weite Strecken verlaufen auf ihm und gerade in diesem Bereich sind viele offene Stellen. Der Rest ist fast unpassierbar und die Teams müssen sich ihren Weg durch riesige Trümmerfelder aus Eisschollen und eingefrorenem Treibholz bahnen. Hier zählt die absolute Ruhe und Erfahrung eines Leithundes. Er muss sich quasi selbst seinen Weg bahnen, denn hinten als Musher auf dem Schlitten, ist mal viel zu weit von ihm entfernt, als das man ihm helfen könnte. Er muss den Willen und die Stärke aufbringen den Rest des Teams durch das

Labyrinth zu manövrieren. Vor Circle City kommt dann noch Slaven´s Cabin. Diese abgelegene Hütte dient wieder als eine Dogdrop-Möglichkeit. Hier kommt wieder die psychologische Kriegsführung der führenden Teams zum Tragen. Denn ab dort versuchen sich die Teams zu verstecken, um den anderen keinerlei Information über ihren Vorsprung oder Rastzeiten zu bieten. Hier nun wird es immer wichtiger seine noch vorhandene Stärke geheim zu halten. Erst in Circle City sieht man wieder wo jeder steht. Durch die langen Laufzeiten der Hunde über Eis und Overflow, fangen viele nun an wunde Pfoten zu bekommen und manche werden dadurch in Circle gedropt. Hier müssen viele aufgeben und das Vorderfeld bildet sich langsam heraus. Von Circle City geht es im Vergleich schon fast gemütliche 74 Meilen nach Central. Ein gewundener Pfad schlängelt sich hier seinen Weg vorwärts. Wie schon gewohnt durch dichtes Weidengestrüpp und Tannen. Hier werden entsprechend der Rastzeiten und der Ausdauer die Zeitunterschiede immer deutlicher. Hier hoffen die meisten auf gutes Wetter, denn nach Central kommt der steile, schneeverwehte Anstieg zum Gipfel des „Eagle Summit".

Hier ist keine Überfahrt möglich wenn Sturm herrscht, und die Teams müssen an seinem Fuße warten bis das Wetter sich beruhigt hat. Gut für den der dann schon über den Pass hinüber ist. Der Anstieg nach Central zu Mile 101 ist der gefürchtetste Abschnitt, wenn auch nur 28 Meilen lang. Hier braucht man einen Leithund, der eine unbändige Kraft und Willen hat, denn mit einem normalen Team kommt man hier nicht hoch. Musher treten sich Stufen in den Schnee, schieben mit aller Kraft den Schlitten oder tragen zum Teil die Ausrüstung vor, um dann den Schlitten mit Hunden nach zu holen. In größter Hoffnung dass der Leithund vorne steht und das Team hält. Denn hier kann es einem schnell passieren, dass der Leithund umdreht oder von den anderen mitgerissen wird und einfach alle wieder umdrehen und hinunter rennen. Kurz vor dem Gipfel steht der Musher fast senkrecht unter seinem Schlitten, so werden die 28 Meilen zu den härtesten der Strecke. Besondere Freude macht dies natürlich bei Sturm und Dunkelheit. Die winzige Hütte von Mile 101 erscheint einem dann wie ein Inselparadies. Hiernach geht es noch ein letztes Mal hoch über den „Rosebud Summit" nach Two Rivers. Es gilt 40 Meilen vollkommen erschöpft und übermüdet zurückzulegen, um dann in Two Rivers nochmal eine achtstündige Zwangsrast zu haben. In Eagle und einem selbst ausgesuchten anderen Checkpoint hatte man auch schon sechsstündige Zwangsrasten. Aber gerade in Two Rivers wird es nochmal wichtig, da nach so vielen zurückgelegten Meilen das Ziel winkt und viele einfach gerne weiterfahren würden. Die Strecke geht, wer sollte es anders erwarten, nach dem steilen Anstieg genauso im freien Fall wieder nach unten. Scharfe Kurven, offenes Wasser und eng bewaldete Strecken machen das ein wenig zu einem Pingpong Spiel. Zudem stellen sich neue Probleme dem Musher und seinen Hunden. Durch die Nähe der Zivilisation gibt es viele Trails die einen verwirren. Streunende Hunde, Motorschlitten und angriffslustige Elche erfordern nochmals höchste Konzentration. Nach der Pause sind es nun im Verhältnis nur noch 72 Meilen bis zum Ziel nach Fairbanks. Wir warteten schon aufgeregt auf unseren Musher, aber dies tat auch die halbe Stadt. Es schienen alle auf den Beinen zu sein, was zu einem der größten Probleme der Strecke für die Musher mit ihren Hunden damit wurde. Denn nun sind überall am Rand des Trails jubelnde Menschen und freilaufende Hunde. Man muss sich einen Weg hindurch bahnen bis in die Innenstadt mit all ihren Geräuschen. Nachdem die Teams aber um die zehn Tage in der Wildnis unterwegs waren, könnte der Kontrast nicht größer sein. So sieht man die Musher vollkommen übermüdet durch die Ziellinie fahren und wie in Trance trotz allem zuerst ihre Hunde versorgen.

Sie, diese unglaublichen Athleten, haben einen durch die unwirkliche Weite des Yukons und Alaska's gebracht. Alle sind ein eingespieltes Team das sich blind vertraut. Dieses Gefühl der Freiheit und dem Vertrauen ist mit nichts zu vergleichen oder aufzuwiegen. Den Sieger erwarten 18.000$ Preisgeld, was aber all die Arbeit, Liebe und Mühe nie aufwiegen würde. Viele wünschen sich wohl trotz all der kraftraubenden Passagen des Quests direkt hier wieder umzudrehen und zurück zu fahren.

Noch heute wird bis zum letzten eintreffenden Team gewartet und gejubelt, denn sie haben übermenschliches geleistet. Der letzte Teilnehmer erhält bis heute die rote Laterne. Dies stellt einen begehrten Preis dar. Denn von allen gestarteten Teams, kommen nur 2/3 über die Ziellinie und alle wissen, dass sie dies nur durch Umsicht, Liebe, Training und den Instinkten ihrer Hunde geschafft haben. Hier ist nach wie vor das Ziel überhaupt durch zu kommen. Auch Frank erreichte dieses Jahr die Ziellinie, mit ziemlich fröhlichen und erstaunlich fitten Hunden. Da hatten das Training und die täglichen Massagen wohl einen guten Erfolg gebracht. Von 18 die Ziellinie überquerenden Teams kam er als Siebter an, so dass wir auch ein wenig stolz auf unsere Arbeit sein konnten.

In Whitehorse steht ein Denkmal von einem Mann mit beladenem Hund. Es ist all denen gewidmet, die sich hier in der Wildnis behauptet haben und ihren Träumen gefolgt sind.

Wozu nun dies alles werden sich trotzdem viele Fragen? Oft, sicherlich die eigene innere Einstellung.

Ein Musher des Quests sagte mal:

„Ich habe viele Nächte im Frieden mit mir selbst verbracht. In diesen Zeiten habe ich mich daran erinnert, wer und was wichtig für mich ist. Dann wurden die Gedanken ganz klar und Erinnerungen wurden geboren."

Dies empfindet jeder natürlich verschieden, aber man findet draußen in der Stille mit den Hunden zu sich und der Welt. In erster Linie sollen aber die Kraft und die Härte, die für Mensch wie Tier früher hier im hohen Norden notwendig waren, nicht in Vergessenheit geraten. Alles musste mit Schlittenhunden durch die weglose Wildnis gebracht werden. Lange bevor Motorschlitten und Flugzeuge diese Aufgaben übernahmen wurden schon Lebensmittel, Briefe und Ausrüstung transportiert. Die Idee zum jetzigen Yukon Quest entstand im Jahre 1983, wie sollte es anders sein, zwischen zwei Kollegen in einer Kneipe bei einem Bier. Sie ließen nach ein, zwei Bier mehr, ihrer Fantasie ihren Lauf und machten einen Plan zum Verlauf der Strecke über alte Transportwege. Noch heute gilt es daher beim Quest, im Vergleich zu dem ebenfalls berühmten Iditarod in Alaska, eher das Ziel zu erreichen.

Beim Iditarod treibt viele eher der Wille zu gewinnen an, da es um höhere Preisgelder geht und dieses Rennen mehr vermarktet wird. Auch wenn dieses ebenfalls ein Erinnerungsrennen an frühere Zeiten sein soll. Damals ereilte Nome eine Diphtherieepidemie und es drohten viele zu sterben. Es begann ein Wettlauf gegen die Zeit. Die benötigte Medizin musste von Anchorage nach Nome transportiert werden.

In einem Schlittenstaffellauf transportierten 20 Männer das Serum durch den Schneesturm in 5 ½ Tagen an die Beringsee. Auch heutzutage sind die Rennen in ihrer Härte kaum zu vergleichen mit anderen Wettkämpfen und den Hunden, Mushern und Doghandlern gehört der Respekt. Was sich aber natürlich stark verändert hat, ist die Fürsorge um die Hunde heutzutage. Nicht nur vor dem Rennen müssen die Tiere vorgestellt werden, um überhaupt zugelassen zu werden, sondern auf dem Trail steht eine zehnköpfige Tierarztgruppe bereit. Sie kontrollieren stetig die Gesundheit der Tiere. Sie nehmen einen Hund auch sofort aus dem Team, nicht erst wenn er nicht mehr ziehen kann, sondern auch schon bei den kleinsten Zeichen von Erschöpfung, so dass dieser nicht bei einem Weiterlauf verletzt werden kann.

Nach dem Musherbankett fuhren wir wieder nach Hause zum Muktuk Kennel, wo es von da an auch weitaus entspannter wurde. Trotzdem muss man natürlich auch zugeben, dass es nicht immer heiter Sonnenschein war. Wir mussten uns einerseits blind vertrauen können und alles musste von Hand zu Hand gehen, ohne große Absprachen, aber die Saison kostete allen Kraft, so dass wir uns irgendwann auch in gewisser Weise an die Gurgel gingen. Wir waren einfach ausgepowert. Einmal, als wir uns so richtig krachten und nichts mehr ging, verzog ich mich in die Hütte. Doch schon schnell brachte mir Paul Essen hinterher in die Hütte, so dass alles wieder gut war.

Mein Training auf dem Takhini River

Irgendwann im Frühling kam dann der große Putz. Paul und Tyler wuschen und rasierten sich und wir amüsierten uns zu Tode, wie nach so vielen Monaten nicht rasierens Paul aussah. Danach schnappten wir uns Pauls Auto und fuhren alle zusammen für einen Tag nach Whitehorse. Wir mieteten gemeinsam ein Hotelzimmer und staunten nicht schlecht über die Annehmlichkeiten, wie Fernseher und Dusche. Jeder ging erst mal gemütlich duschen und da mein Ruf wohl eh schon ruiniert war, wenn man sich mit zwei Männern ein Hotelzimmer für eine Nacht nimmt, waren die Laute beim Duschen, die auf dem Flur zu vernehmen waren, wohl definitiv falsch zu interpretieren. War das ein Genuss, das warme Wasser aus der Wand!
Danach ging es nur in Halbschuhen und Jeans zum Mexikaner. Mann fühlten wir uns nackt. Nur mit diesen leichten Klamotten

bekleidet überprüfte man hin und wieder, ob man wirklich eine Hose an hatte. Zudem stelzte man wie ein Storch durch die Gegend, da einfach die schweren Boots an den Füßen fehlten. So saßen wir gemütlich und mampften unsere Teller. Am nächsten Tag fuhren wir wieder zu unseren geliebten Hunden zurück.

Bald hieß es aber für die ersten Abschied nehmen. Tyler verließ uns als erstes nach dem langen Winter. Ich brachte ihn zum Flughafen, alle waren wir bedrückt, waren wir doch in der Zeit durch so viel gemeinsam gegangen. Wir dachten an die Abende in der Hütte und an die schreckliche Bob Dylan Kassette. Wir hatten nur eine einzige, die wir im Radio hoch und runter abspielten. Dieses betrieben wir mit einer Autobatterie. Die Kassette hatte oft durch Bandsalat gelitten und leierte ganz schrecklich, aber es war alles was wir hatten. Auf dem Weg zum Flughafen fiel uns wieder ein Lied davon ein. Darin hieß es im Refrain: *„One more cup of Coffee for the Road, one more Coffee for I go, down the valley below."* So beschlossen wir, da wir noch Zeit hatten, auch einen letzten Kaffee in Whitehorse trinken zu gehen bevor es wirklich hieß, Abschied zu sagen.

Jahre später besuchte mich Tyler sogar mal in Berlin, aber es fühlte sich sehr seltsam an, so losgelöst von dem Leben was wir auf dem Kennel geführt hatten. Inzwischen hat Tyler seine eigene kleine Familie und Paul neben seiner Familie eine eigene Huskyfarm. Von Mark habe ich nie mehr was gehört. Aber mit Franks Frau Anne halte ich nach wie vor Kontakt. Inzwischen ist Franks Sohn mit aufs Kennel gezogen und hat eine spätere Doghandlerin aus der Schweiz geheiratet. So läuft alles immer weiter. Ich kann, wo wir die Kassette damals überhaupt nicht mochten, inzwischen das „One more cup of Coffee" auf der Gitarre spielen. So bleibt einem so viel, auch nach so langer Zeit.

Was aber war nun mit mir? Einfach wieder nach Deutschland zurück? So einfach ist das nicht. Ich war die Einsamkeit, die Wildnis und die Stille gewohnt! Von Kanada nach Deutschland zurück, ist wie ungebremst mit 100 km/h gegen eine Mauer zu fahren. Auf dem Weg nach Berlin machte ich nochmal zwei Wochen Urlaub bei Barton, einem Freund in Vancouver. Was zwar auch schon Stadt bedeutete, aber noch deutlich gemütlicher war im Verhältnis mit Berlin. In der Zeit dort bekam ich ein Arbeitsangebot in Norwegen auf einer Huskyfarm zu arbeiten und im Sommer dazu Wildwassertouren im Kanu und Klettertouren ins Gebirge zu führen. Das war perfekt.
Hier in Kanada wusste ich, würde nicht meine Zukunft liegen. Die Immigration war für mich unmöglich, da die Auflagen zu hoch waren, zudem war es dann deutlich weiter weg von Zuhause als Norwegen. Von Norwegen konnte ich jederzeit zu meinen Eltern und Freunden, was hier quasi unmöglich gewesen wäre. So kam ich mal wieder nach einer langen Zeit nach Hause, um nur wieder umzupacken und meinen Eltern schon wieder „Auf Wiedersehen" zu sagen. In Norwegen sollten mich beide später besuchen und die katastrophalen Bedingungen dort erleben, denn leider ging das so richtig gründlich schief.

Norwegen, die Erste

Zuerst sollte aber mein erster Husky bei mir einziehen. Wo ich jetzt mal mit einer Geschichte aufräumen muss.

Dies gehört seit dem ersten Tag des Einzugs meiner Hündin Sharon zu den offenen, geduldeten Lügen zwischen mir und meinen Eltern. Damals wollte ich unbedingt endlich meinen eigenen Husky, aber wie sollte ich das meinen Eltern auftischen, da wir zusammen in einem Zweifamilienhaus nebeneinander wohnten, hätte ich sie ja schon irgendwie um Erlaubnis bitten müssen. Die Antworthätte ja auch ungünstig ausfallen können. Was also tun?

Nun stand der Urlaub meiner Eltern in Schweden fest, und ich erkundigte mich zeitgleich über die Hunde, die bei der Auffangstation „Nordische in Not" saßen. Dort saßen einige wirklich schöne Tiere, so dass ich sicher einen finden würde. Dummerweise packte ich schon vor Abreise meiner Eltern eine Decke und eine Anbindeleine in mein Auto. Was natürlich mein Vater sah, aber nichts sagte. Erst als er mit Mum auf der Autobahn war sagte er ihr: *„Ich glaube wir haben einen Hund, wenn wir nach Hause kommen"*. Ich ging in der Zeit zu „Nordische in Not" und suchte vollkommen unromantisch meinen ersten Hund aus. Nichts war von der Art: Er stach mir gleich in die Augen, er hat mich ausgesucht, oder es war Liebe auf den ersten Blick. Nein, ich ging in der Zwingeranlage einmal hoch und runter, und der einzige Name, den ich mir gemerkt hatte, war von der kleinen abgemagerten, fast felllosen Hündin Sharon. So ging ich mit ihr dort spazieren und nahm sie mit!

Wohl die beklopteste Art sich einen Hund auszusuchen. Was sollte ich nun aber meinen Eltern erzählen? Sie können sich die

Stunden ausmalen, wie ich mich kurz vor ihrer Ankunft gefühlt habe. Dann kamen sie und wir standen im Flur, ich guckte wohl ziemlich bedröppelt drein und sie fragten, da sie es ja schon ahnten, ob ich ihnen etwas mitteilen möchte. Ich starb einen Heldentod und öffnete die Türe. Da kam dann Sharon angeflogen, dass sich der Flurteppich rollte, und meine Mutter sich wahrscheinlich am liebsten in Luft aufgelöst hätte, denn sie hat, obwohl sie selbst mal einen Hund besessen hatte, riesige Angst vor Hunden. In meiner Not erzählte ich, um den Ärger abzuwenden die Lüge, dass ich Sharon nur für den Typen in Norwegen geholt hätte, wo ich arbeiten wollte und gar nicht für mich. Wie sich später herausstellte, waren die Haltungsbedingungen bei diesem Mann so schlecht, dass ich ja unmöglich die arme Sharon dort lassen konnte! Seit dem steht diese Lüge im Raum, jeder weiß die Wahrheit, aber keiner spricht sie aus. Bis jetzt ist Sharon aber der ungeteilte Liebling meiner Eltern. Und es wird nur ab und zu darüber gewitzelt dass Sharon ja doch in Norwegen bleiben sollte. Bei den nachfolgenden Hunden erzählte ich zwar keine Lügen, aber die Reaktionen waren auch nicht gerade die helle Begeisterung. Ich sorgte eher für tagelanges Stillschweigen und in gewisser Weise Wut. Und doch heißt es inzwischen laufend: *„Unsere Hunde"*!!!
Nun hieß es erst mal, das Auto packen für Norwegen. Ich besaß einen kleinen alten Fiat Uno, der so ziemlich an seinem Lebensende angekommen war, mich aber nie im Stich ließ. Ich füllte so in gefühlt jede Ritze meines Autos Hundefutter für Sharon, dass man da schon merkte, wo meine Prioritäten lagen. Danach ging es, nach dem tierärztlichen Hokuspokus, los. Damals brauchte man noch eine ganze Menge Papiere, um mit einem Tier die Grenze passieren zu können. Mein Ziel war

Ljørdalen. Dies liegt nahe bei der schwedischen Grenze und das nächstgrößere ist Trysil. Ljørdalen liegt so mitten im nirgendwo. Ich bekam von dem Mann, ich möchte hier nicht den Namen nennen, wie vorher vereinbart eine seiner Hütten, die er für Gäste hatte. Am nächsten Tag ging es schon los. Ich sollte, solange keine Gäste da waren, die Unmengen an Holz zu Hundehütten verbauen, was mir als Holzwurm natürlich Spaß machte. Nach 50 Hütten konnte ich das auch mit geschlossenen Augen. Zudem sollte ich aus dem Gefriercontainer die toten Welpen holen und sie vergraben. Dies machte mich zum ersten Mal sehr stutzig, nicht, dass man bis Sommer warten musste, um die Hunde begraben zu können, dies war logisch, da der Boden im Winter gefroren ist.

Kennel in Norwegen

Aber den Welpen, die ich hier vorfand, fehlten zum Teil Gliedmaßen oder der Kopf war abgetrennt, weil die großen Hunde ihnen diese abgebissen hatten. Mich schüttelte es sehr, und ich konnte mir nicht vorstellen, wie man zulassen konnte, dass so etwas passiert.

Nach ein paar Tagen wunderte ich mich zudem, dass nicht noch wenigstens ein zweiter Doghandler vor Ort war, denn ich hatte 104 Hunde im Kennel stehen. Sollte ich sie alle alleine versorgen? Zudem sollte ich doch noch die Touren mit Kanu leiten oder die Klettertouren ins Gebirge!? Wie sollte das gehen? Es kam kein zweiter Doghandler, der war erst wieder für den Winter vorgesehen, wenn Schlittentouren gefahren werden. Es begann die Hölle für mich. Der Tag startete indem ich meinen Gästen schnell ein Frühstücksbuffet hinstellte, dann spurtete ich zu den Hunden und gab ihnen schnell was zu trinken und säuberte das Kennel. Danach ging es zurück zu meinen Gästen und lächelnd auf Klettertour oder Wildwassertour für 5-6 Stunden. Wieder zurück ging es für mich zu den Hunden, um ihnen das Fressen zu geben. Das bestand ausschließlich aus gefrorenen Lachsköpfen. Diese waren in Mülltonnen bei minus 20°C eingefroren und mussten mühsam mit Axt und Brechstange raus geschlagen werden. Wenn die Tonne aber im Sommer schon einen Tag draußen stand, spritzte einem sämtliche Fischpampe direkt ins Gesicht. Ein Anblick, der sich meiner Mutter, die mich auch hier in Norwegen einmal besuchte, für immer ins Hirn gebrannt hat. Es war wirklich widerlich. Zudem ist rein ernährungsphysiologisch natürlich an so einem Kopf nicht viel dran. Manch ein Hund wollte ihn so tief gefroren nicht verspeisen, so dass ich einfach immer ein paar Köpfe schon einen Tag vorher auftaute, eine Sache, die hier sonst nie gemacht wurde. Hier galt anscheinend friss oder halt auch nicht. Mehr muss ich nicht sagen. Dies ging mir komplett gegen den Strich, zum einen gegen meine grundsätzliche Haltung gegenüber Tieren, und zum anderen mit wie viel Liebe wurden die Tiere bei Frank in Kanada versorgt. Sie waren es doch wert. Aber was sollte ich tun? Ich gab mir alle Mühe für sie das möglichst Beste zu tun. Aber alleine konnte ich es nicht schaffen. Hieß es für mich nach der Fütterung zudem zurück, noch ein paar Gästehütten putzen und danach im Restaurant den Gästen das Abendbrot richten. Dann wurde der Abend am Tresen mit dem Ausschenken der Getränke zuweilen sehr lang. Mein Tag endete oft nach 16-18 Arbeitsstunden. Das Ganze ging zudem von Montag bis Sonntag, also durchgängig, da immer Gäste zu betreuen waren und die Hunde natürlich immer da waren.

In dieser Zeit war auch noch meine Hündin Sharon schwer krank. Sie wollte einfach nichts bei sich behalten. Alles kam postwendend wieder aus ihr heraus, so dass ich mehrmals zum Tierarzt nach Trysil fuhr. Auch der war einer der ganz besonderen Sorte. Meine Hündin kam von Lanzarote, Spanien. Sie hatte dort auf der Straße gelebt und war von dort aus in die Tötungsstation gekommen. Kurz vor ihrer Einschläferung kam sie nach Deutschland. Nun hatte sie daher verständlicherweise eine riesige Angst vor Tierärzten und führte sich auch entsprechend auf. Der Arzt konnte nichts anderes machen, als sie dann auch noch regelrecht auf dem Behandlungstisch zu verprügeln. Nachdem ich mich entrüstete, entschuldigte er sich. Er dachte es wäre ein Hund von dem Mann wo ich arbeitete. Was zum Henker ist das für eine Entschuldigung? Ob mein Hund oder irgendjemanden Hund, dies war doch keine Behandlung. Sie können sich denken, wie begeistert meine Hündin bis heute von Tierärzten ist. Zudem halfen die Behandlungen bei dem Arzt nicht, nichts wollte anschlagen und Sharon übergab sich weiterhin. Bis alles so wund war und sie vollkommen entkräftet war und sie nur noch schrie wie am Spieß.

Sie tat mir so unendlich Leid und schweren Herzens wollte ich sie gehen lassen. Denn so konnte sie eh nicht mehr lange Leben. Bevor ich aber dazu kam zum Arzt zu fahren, war ich mit einem meiner Gäste zu einer Wanderung unterwegs. Sie kaufte mir im Dorfladen sogar noch eine Schokolade, da auch mein Zustand zu diesem Zeitpunkt schon zu wünschen übrig ließ. Ich ließ Sharon nur einen kurzen Augenblick alleine im Auto und schon war es passiert, sie hatte meinen Rucksack geöffnet, bei dem riesigen Hunger, den sie verständlicherweise hatte. Schon hatte sie einen Teil des Proviants inklusive einen Teil der Schokolade vertilgt. Ich war unendlich verzweifelt, war doch Schokolade giftig für Hunde. Aber was sollte ich tun? Irgendwie war es aber der Wendepunkt in Sharons Leben. Nach der Vertilgung des Proviants ging es ihr von Tag zu Tag besser, woran es auch immer gelegen hat.

Bei mir war es so ziemlich anders herum. Mich fraß die Arbeit langsam auf, ich konnte nicht mehr. Mein Traum löste sich so langsam in Luft auf. Die Touren mit meinen Gästen waren schön, aber ich schleppte mich langsam selbst nur noch über den Berg und musste dann auch noch die entkräfteten Gäste antreiben schneller zu gehen, weil ich nicht zu spät zurück sein konnte, da die Hunde auf mich warteten. Dies ging nicht mehr. Auch war ich müßig, dass ich auf Kanu Tour geschickt wurde ohne die Information über Stromschnellen. Wie durch ein

Wunder manövrierte ich mit allen Gästen immer unbeschadet hindurch, wo ich selbst die Stromschnellen oft erst ein paar Sekunden vorher erspähte. In der Zeit erhielt ich manch einen lieben Brief von Freunden, die an mich dachten. Auch kam mein Vater zu Besuch. Er war in Morokulien zum Funken, denn seine Leidenschaft war seit Jugendbeinen an das Amateurfunken.

Er sagte nichts, aber half mir. Als er abreiste war ich mir nicht mehr sicher was ich tun sollte. Bald kam der Winter. Würde ich gehen, würde es so manch einem Hund noch schlechter gehen, oder schlimmeres. Es brach mir das Herz. Zudem sollte ich aus der Hütte mal wieder raus und mir etwas Eigenes suchen, was hier im Dorf aber quasi unmöglich war, abgesehen von meinem Gehalt. Ich musste in der Zeit des Öfteren die Hütte für Gäste räumen und schlief dann in der oberen Etage vom Restaurant. Was also machen? Schweren Herzens gab ich auf, kündigte und rief zuhause an. Bevor ich was sagen konnte, meinten meine Eltern sie wüssten ja, dass ich erwachsen wäre und sie nichts mehr sagen sollten, aber ich solle doch meinen Hintern wieder nach Hause bringen bevor der Winter ernsthaft zuschlägt. Als sie zu Ende gesprochen hatten, sagte ich ihnen, ich wäre in drei Tagen da! Mein Arbeitgeber buchte für mich noch die Fähre und erklärte mir am frühen Nachmittag, dass sie morgen früh fahren sollte! So ließ ich alles fallen und ging zur Hütte, da noch alles verpackt und ins Auto musste. Ich blickte nicht noch einmal zurück. Es hätte mich gebrochen. So packte ich in Windeseile und musste doch noch einmal herzhaft lachen, denn ich hatte einmal im Witz gesagt ich würde gehen, wenn die Fischköpfe mit mir reden würden. Ich hatte beim Packen den Fernseher an und es lief gerade Werbung, was soll ich sagen: Da schaute ein Fisch aus dem Wasser zu einem Angler im Boot und redete..., das kam dem zumindest ziemlich nahe. Abends baute ich, bei schon startendem Schneetreiben, die Autobatterie wieder ein. Diese hatte ich schon im Zweifel vorher an den Lader gehangen. Trotzdem wollte mein Auto nicht anspringen. Ich musste aber nächsten Morgen um 5:00 Uhr in der Frühe los. Inzwischen war es 23:00 Uhr. In meiner Not ging ich nochmals zu meinem Arbeitgeber und klingelte ihn aus dem Haus. Er half mir zumindest noch in der Nacht mein Auto zum Laufen zu kriegen. Er meinte, ich sollte es ein wenig laufen lassen, dann würde es morgen schon anspringen. Ansonsten dürfte ich ihn aber nochmal wach machen. Dies wollte ich unter keinen Umständen, hätte ich mich am liebsten schon gerade jetzt aufgelöst. So packte ich kurzentschlossen Sharon ins Auto, schrieb einen Abschiedsbrief und fuhr des nächtens von dannen. Dank des immer stärkeren Schneetreibens kroch ich ziemlich langsam in Richtung Oslo, kam aber mit zwischenzeitig hustendem Motor dort am Hafen an. Da stand ich dann mit Sharon neben meinem Auto und aß gemütlich Cornflakes mit Milch aus ihrem Napf. Ein Jogger, der uns passierte, drehte sich noch ein paar Mal um. Er hatte irgendwie einen leicht entsetzten Gesichtsausdruck, konnte er ja nicht wissen, was in dem Hundenapf war. Auf dem Schiff in der Kabine hörte ich noch, dass das Gebiet um Trysil die Nacht über ziemlich eingeschneit wurde, so war meine Entscheidung gleich zu fahren mehr als gut gewesen. Zwei Tage später war ich wieder zuhause. Was sollte nun passieren? Wie käme ich mit den Gedanken an die zurückgelassenen Hunde klar? Was sollte ich als nächstes hier in Deutschland tun? Ich hing ziemlich in der Luft. Diesmal kam aber die Entscheidung von außen. Ich bekam vom Arbeitsamt ein Vorstellungsgespräch als technischer Anleiter in jener welchen Werkstatt, die mich knapp

6 Jahre sehr ausfüllen sollte. Ich meldete mich, als der Brief vom Arbeitsamt kam, sofort telefonisch, so dass die Mitarbeiter vor Ort noch nicht einmal Bescheid wussten. Eine Stunde später, inklusive 25 Minuten Fahrweg mit dem Auto, stand ich mit einer frisch ausgedruckten Bewerbungsmappe dort vor der Tür. Somit bekam ich postwendend die Stelle und fing dort sofort an. Es war kaum Zeit vergangen seit meiner Rückkehr aus Norwegen, und schon stand ich in einer Werkstatt mit 40-50 Männern, alle mit Alkohol-, Drogen- und psychischen Problemen. Der Kontrast hätte nicht größer sein können.

Zwischendurch

Irgendwann fand ich mich aber in meine Rolle als Leiterin einer wohl ziemlich verrückten Werkstatt ein und es erfüllte mich lange Zeit. Jeder Tag brachte neuen Wahnsinn, und ich musste immer sehr spontan in den Tag gehen. Doch irgendwie war da doch noch was.... Mein schöner grün-schwarzer Rucksack stand in der Ecke und setzte Staub an. Das konnte doch nicht sein. Eine innere Unruhe trieb mich. Wieder fing ich an, Bücher zu kaufen und zu träumen. Meine Mutter wusste schon wieder, was auf sie zukam. Immer wenn die Bücher eines bestimmten Genres als Lieferung vermehrt ins Haus kamen war ihr klar, was kommen musste. Diesmal sollte es aber einen entscheidenden Unterschied geben. Ich hatte Sharon, meine Hündin. Wie also macht man das Ganze mit Hund? Ich wollte mindestens sechs Wochen unterwegs sein und davon die meiste Zeit ziemlich autark in der Wildnis verbringen. So musste Sharon also auch einen Rucksack bekommen, denn ich konnte unmöglich auch noch ihr Hundefutter tragen. Um sie daran zu gewöhnen, ging ich mit ihr zusammen immer einkaufen und sie trug tapfer den Einkauf nach Hause. Ich hingegen trainierte meine Beine, indem ich die 12 km Arbeitsweg auf Inlineskates zurücklegte. So war ich fit für die Tour, die mich um die 250 km durch Schweden und Norwegen führen sollte. Startpunkt sollte Riksgränsen sein, was in der Höhe von Narvik liegt. Anfang Juni war es dann soweit. Neue Wanderkarten der Gebiete waren gekauft und der Rucksack zum bersten voll. Hinauf bis nach Narvik wollte ich mit meinem Auto, und so fuhren wir beiden Mädels zur Fähre nach Kiel. Von dort fährt die Fähre in 17 Stunden nach Oslo. Eine lange Überfahrt, vor allem für Sharon, welche die Zeit ja im Auto verbringen musste. Dreimal darf man in der Zeit zu seinem Hund und ihn durchs Autodeck führen. Ich machte mir immer ganz große Sorgen, wobei Sharon sehr müßig war und danach ohne Zuspruch immer wieder ins Auto sprang, so dass ich mir somit eigentlich nicht die Gedanken machen brauchte. Es gab auch ein sogenanntes Kennel (Stahlboxen) für Hunde und Katzen auf dem Schiff. Ich und sicherlich auch die meisten Hunde fanden es aber deutlich angenehmer sie in der gewohnten Umgebung schlafen zu lassen, mit den eigenen gewohnten Gerüchen. In Oslo angekommen hieß es immer geradeaus nach Norden. Um es einfach zu machen immer die E6 entlang. Der Weg führt über Hamar, Lillehammer, Trondheim, Mo i Rana, Fauske nach Narvik. Hierbei überquert man 80 km nördlich von Mo i Rana den Polarkreis. Dieser liegt dort im Saltfjellet National Park. Ich kann es nicht so recht zum Ausdruck bringen, auch wenn ich in meinem Leben oft noch viel weiter im Norden war, übt dieser Platz eine besondere Anziehungskraft auf mich aus. Es gibt nichts was ich beschreiben könnte, die Gegend ist rau und spröde und doch zieht es mich fast magisch an. Bei einer späteren Tour habe ich auch ein paar Tage länger dort verbracht. Aber diesmal musste ich möglichst schnell nach Riksgränsen gelangen, um genügend Reservetage bei der Wanderung zu haben. Zu meiner und Sharons Freude fingen hier in Höhe des Polarkreises schon die Schneefelder an, in denen wir teilweise ausgiebig tobten. Nach drei Tagen waren wir oben und es konnte losgehen. Die Richtung ging quasi quer bis nach Fauske über Sitasjaurestugorna, Ritjemjåkk, Lådejåkkstugan und Sulitjelma. Von dort hoffte ich auf einen Bus, oder Autofahrer, der mich zurück zum Ausgangspunkt bringen sollte. Leider kam ich nicht weit. Mir hätten die noch großen Schneefelder, über die ich mich weiter südlich noch so gefreut hatte, schon mal was sagen sollen. Hier im Norden ist Anfang/ Mitte Juni gerade mal Frühlingsanfang und die damit verbundene Schneeschmelze. Nachdem ich drei Tage gegangen war und mich immer wieder durch Wildwasserflüsse gekämpft hatte, stand ich vor einem neuen reißenden Bach. Ich wanderte einen vollen Tag stromaufwärts, fand aber keine geeignete Stelle zum überqueren für mich und Sharon. Hier ging nichts mehr. Ein wenig geschlagen saß ich mit Sharon im Moos und sinnierte über neue Möglichkeiten. Zu allem Überfluss löste sich genau zu dem Zeitpunkt meine Isomatte auf. Nicht dass sie Luft ließ, nein sie löste sich in Schichten auf, so dass sie zu einem überdimensionalen Ball wurde. Ganz prima. Trotz allem waren die vergangenen Tage wundervoll gewesen. Ich und Sharon wuchsen immer mehr zusammen, wohl auch zwangsweise, da wir zusammen in einem Einmannzelt schliefen.

Aber auch als wir auf der Hintour den Anstieg über einen Berg bewältigen wollten und im vollen Nebel endeten. Der Weg dahin war vollkommen unübersichtlich und bestand aus 90% Moor, so dass man sich ziemlich genau überlegen musste wie man lief. Wir hatten dreiviertel des Weges geschafft, dann fing es an zu regnen und der Nebel war so stark, dass man seine Hand nicht mehr vor Augen sah. Hier oben zu campen war aber unmöglich sollte das Zelt nicht zu einem Wasserbett werden. Also mussten wir wieder den gesamten Weg hinunter, denn unten am Fluss gab es Möglichkeiten einigermaßen trocken sein Zelt aufzubauen.

Wie aber dorthin? So verließ ich mich das erste Mal voll und ganz auf die Instinkte meines Hundes. Ohne Worte ließ ich sie machen und folgte ihrer Nase den Weg hinunter. Wir hatten das weder gelernt noch sonst irgendwie geübt, doch sie führte mich genau den Weg zurück den wir gekommen waren, denn ich erkannte immer wieder Steine, wenn ich direkt an ihnen vorbei lief. Ich war unendlich stolz auf meine Sharon. Das Zelt war dann schnell aufgebaut und wir im Trockenen.

Einfaches Leben

Zwei Tage später schlugen wir den Rückweg ein, denn ich mache zwar immer wieder Touren durch die Wildnis und riskiere damit sicherlich auch Verletzungen und puschte mich über meine Kraft, aber ich bin auf keinen Fall draufgängerisch. Diese Umsicht sollte man, gerade wenn man alleine reist, haben. Alles andere wären reiner Schwachsinn und Egoismus. Jedenfalls für mich. Für mich war es immer so, wenn nicht jetzt und hier, dann halt später. Und es war ja nicht so als ob es hier im Norden nicht auch noch viel mehr zu entdecken gäbe. So machte ich den Plan, wenn ich schon so weit hinauf gefahren war, könnte ich auch gleich ganz nach oben, um einmal am Nordkap zu stehen. So führte mich die E6 noch weiter über Sørkjosen und Alta. Die Natur wurde immer rauer und unbarmherziger. Hier sah man immer mehr Sami mit ihren Rentieren siedeln, und Sharon kriegte sich kaum mehr ein, wollte sie wohl mal an jedem dieser Huftierchen knabbern. Wir genossen aber die Fahrt und kamen entspannt am stürmischen Nordkap an. Das Nordkap ist ein steil emporragendes Schieferplateau und stellt eigentlich nicht den nördlichsten Punkt Norwegens dar. Dieser liegt nämlich ein wenig weiter westlich in Knivskjellodden. Der nördlichste Punkt des europäischen Festlandes ist hingegen weiter östlich Kinnarodden. Trotz allem verliert natürlich das Nordkap nicht an seiner Anziehungskraft. Jedes Jahr reisen viele an diesen doch recht unwirklichen Ort. Bei mir herrschten, oh Wunder, mal wieder Regen und Nebel, was aber gerade dort sehr typisch ist. Zugleich bläst der Wind oft den Nebel genauso schnell auch wieder weg. Ich genoss einfach den Gedanken, soweit mit meiner Sharon gekommen zu sein und übernachtete dort. Danach ging es wieder zurück durch die Unwirklichkeit. Zuweilen erinnerte es fast an eine Mondlandschaft, abwechselnd von grünen Hängen zu schroffen Küsten. Zwischendrin immer wieder einsame Hütten, wo ich mich fragte, wer je in ihnen gewohnt hat oder auch in ihnen bis heute wohnt. Was macht die Menschen aus in dieser abgelegenen Welt? Wovon lebten sie? Ich bewunderte ihre Genügsamkeit und den Gleichmut, den sie für die raue Natur hier aufbringen mussten. Wobei ich ja selbst schon so gewohnt hatte. Aber diese waren hier meist geboren und starben auch hier. Sie waren schon so lange hier.

Am Nordkap

Auf dem Wege zurück hielt ich nochmals in der Nähe von Narvik und startete einfach von dort aus zu kleineren Wandertouren. Eine ging von Låktatjåkka los, man kann diese aber auch von Björklinden aus gehen. Diese Tour war einfach wundervoll und ich kam aus dem Staunen nicht mehr heraus. Wobei ich auch oft das Gefühl hatte, dass Sharon die Natur ebenfalls in sich hineinzog, wenn sie dastand und in die Ferne blickte, einfach toll. Mit dem Wetter hatte ich ausnahmsweise mal richtig Glück und so stapften wir unverdrossen durch sprudelnde Bäche, schauten uns Wasserfälle an und stiegen immer mehr in die Höhe, vorbei an so manch seltsamer Felsformation. Besonders schön empfinde ich immer den Anblick von Schneefeldern, die über den Flüssen liegen, wenn an der Abbruchkante von diesen das Wasser hervorsprudelt. Ich kann mich daran einfach nicht satt sehen. Am oberen Punkt des Berges war dann an diesem Tag für mich Schluss und wir beiden Mädels machten es uns bequem. Inzwischen hatte es sich wirklich gut eingespielt, und ich fand auch immer schneller geeignete Plätze zum Campen. Denn jetzt, hingegen zu früher als ich alleine unterwegs war, sollte der Platz nicht nur möglichst gerade und trocken sein, sondern einen Fluss in der Nähe für die Wasserversorgung haben. Nun musste noch zusätzlich ein möglichst großer Stein in unmittelbarer Nähe sein, wo ich Sharon anbinden konnte. Für all dies entwickelt man aber irgendwann einen gewissen Blick. Da ich in Låktatjåkka gestartet war, ging ich die Runde dann nach Björklinden und von dort aus nach Abisko. Dort brechen viele für eine lange Tour auf, dem sogenannten Kungsleden. Dieser wurde gut ausgebaut und markiert, so dass es auf bestimmten Teilstücken für die einsamen Verhältnisse von hier schon mal fast voll werden kann. Die Wegmarkierungen bestehen aus roten Ringen um Baumstämme, auf Steinen oder aus kleinen Steinhaufen, sogenannten Steinmännchen. Ich wollte mit Sharon aber nur den Anfang gehen, einfach so zum Spaß. Wir amüsierten uns über die recht ungewöhnlichen Felsformationen, gerade am Anfang des Trails, die durch einen reißenden Fluss geschliffen wurden. Hier sollte ich später auch nochmal mit drei meiner Hunde stehen. Nach Abisko ging es dann langsam wieder südlich für uns, aber nicht ohne einen Halt in Mo i Rana. Denn, wen wundert es, musste ich doch unbedingt noch den Gletscher dort vor Ort besuchen. Der Gletscher mit 370 km² ist der zweitgrößte des Landes. Er heißt Svartisen, was übersetzt Schwarzeis bedeutet. Von Mo i Rana führt eine Straße durch das Røvasstal, und während der Sommersaison kann man bequem mit dem Schiffchen über den Gletschersee übersetzen und den Rest dann bis zur Gletscher-

Der typische Sharon Blick

zunge erwandern. Der Wanderweg führt über das Gestein des zurückgezogenen Gletschers und hatte eine seltsame, fast rötliche Färbung. Dies erinnerte mich ja schon fast wieder an Australien. Von dieser Seite aus konnte man auch gefahrlos dem Gletscher sehr nahe kommen. Ich wünschte mir ein Stückchen mitnehmen zu können, was ich schlussendlich sogar tatsächlich machte. Allerdings nicht in gefrorenem Zustand, denn als ich später am Auto wieder angekommen war, stellte ich fest, dass mein Auto kein Kühlwasser mehr hatte. So kippte ich kurzerhand aus dem Gletschersee etwas Wasser in mein Auto. Mal so gesagt: Es fuhr noch ewig mit diesem Wasser.

Auf dem Weg nach Oslo rang ich dann noch mit ganz anderen Sachen. Ich kam ja ganz nah an Trysil und damit auch an Ljørdalen vorbei, meinem alten Arbeitsplatz. Sollte ich vorbei schauen, nach allem was war? Nach den Hunden sehen? Ich wusste nicht, ob ich das verkraften würde und doch bog ich ab und folgte der Straße nach Ljørdalen. Die Hunde waren nicht mehr da. Wo waren sie? Wo war der Mann hin? Ich fragte im Restaurant nach und die Angestellten meinten, er wäre ein Stück raus aus Ljørdalen gezogen, er wäre aber sicher morgen Abend hier. So ging ich meine alt bekannten Wege, die ich noch so gut kannte und übernachtete am Fluss. Am nächsten Tag traf ich mich dann wirklich nochmal mit diesem Mann und wir redeten lange auf der Terrasse des Restaurants. Er war inzwischen geschieden, aber seine Exfrau wohnte immer noch mit den Kindern im Haus und er hätte jetzt eine ganze Handvoll Angestellter. So wie damals konnte es ja nicht lange gut gehen, waren seine Worte. Was für eine Überraschung. Allerdings hatte er inzwischen wohl über 300 Hunde, was mich zutiefst schockierte. Weiß wohl jeder was dies dann bedeutete. Ich habe mich am nächsten Tag beim Aufbruch nicht überwinden können das Kennel zu besuchen. Ich konnte einfach nicht.

Inzwischen taucht dieser Mann nicht mehr im Internet auf, auch nicht in den norwegischen Listen für Firmen. Denn hier in Norwegen sind diese, mit Einnahmen etc., alle öffentlich zugänglich. Er ist quasi vom Erdboden verschwunden. Ich verdrängte die Gedanken, die dabei in mir hochkamen, was mit den Hunden geschehen ist.

Danach ging es für mich nur noch auf die Fähre und nach Hause. Zurück in meine verrückte Werkstatt.

In der darauffolgenden Zeit schlich sich eine gewisse Ruhe ein. Ich traf mich mal hier und mal dort, aber ich kam nicht in den Kontakt mit anderen schlittenhundeverrückten Leuten. Ich ging nur einmal im Jahr zu einem Sommertreffen bei „Nordische in Not", wo wir übers Wochenende auf der Wiese zelteten und unter Gleichgesinnten waren. Genau auf einem solchen Sommertreffen entschloss ich mich spontan zu meinem zweiten Hund. Diesmal einem Rüden. Auch diesmal ging das aber ziemlich unromantisch ab. Den ganzen Samstag schaute ich immer wieder bei Flint in der Quarantäne vorbei. Dort saß er, da er erst frisch angekommen war. Ein vollkommen unterernährter, hochbeiniger Rüde, der kaum stehen konnte, schwankte und ziemlich steif im hinteren Rücken war. Er schaute mit angsterfülltem Blick aus dem Zwinger. Doch dort, und das war das Ausschlaggebende, saß noch eine weitere Hündin, die nach Erklärung stark dominant war. Das war sein Pluspunkt, denn wenn er mit ihr klar kommt, kommt er auch mit meiner oberdominanten Zicke zurecht. Ich rang die ganze Nacht mit mir. Sonntagmittag schnappte ich mir dann Flint und ging mit ihm und Sharon spazieren. Sharon zickte nur einmal zur Begrüßung, danach war alles geklärt. Meine Eltern würden mich umbringen! Nach dem Gassi öffnete ich den Kofferraum meines Autos und beide stiegen mit einer absoluten Selbstverständlichkeit zusammen ein. Der Heimweg von 1 ¼ Stunden zog sich wie Kaugummi hin. Als ich ausstieg schaute meine Mutter aus dem Badezimmerfenster und war entsetzt. Zudem war ihr erster Spruch: „Wie sieht der den aus". Und der Name ging gar nicht. Ich hatte vorher beim Geocaching (Schnitzeljagt mit GPS) mit meinem Team gewonnen, so dass ich kleine Schnapsfläschchen hatte. Als ich vorne am Haus angekommen war und meine Eltern natürlich auch, bot ich ihnen erst mal einen Beruhigungstrunk an. Später, als wir dann im Haus waren, stand meine Mutter im Türrahmen und schaute Flint an, der vor ihr versuchte zu stehen, was ihm aber nicht recht gelang. Auf dem ungewohnten Parkett zog es ihm einfach die Beine auseinander. Sie sagte zu ihm: *„Nur damit wir das klar stellen, ich mag keine Hunde. Komm ich zeige dir die Ofenröhre."* Man muss dazu sagen, bei meinen Eltern im Wohnzimmer steht noch ein alter Kachelofen und in dessen Klappe oben steht eine Dose Hundeleckerli. Welch eine Überraschung. Zu Sharon muss man nur noch Ofenröhre sagen und sie hechtet los und setzt sich vor eben genau diese. Flint bekam also mit Sharon zusammen ein Leckerli und da meine Mutter danach auf der Sofakante saß, nahm er an ihrer Seite Platz. Ich fand, das machte er ganz prima! Flint brauchte aber noch ein gutes Jahr, um irgendwie aus seiner vergangenen Welt zu kommen, denn auch er war ein geschlagenes Kind. Er wurde vom Tierschutzbund beschlagnahmt, hatte Angst vor Männern und versuchte alles, aber auch wirklich alles, zu fressen. Da ich ja nun zwei Hunde hatte und dementsprechend zwei Wassernäpfe hinstellte, konnte er lange nicht begreifen, dass ich auch das Wasser wieder nachfüllen würde. So trank er sobald beide Näpfe dastanden alles aus und zeitgleich lief es bei ihm hinten wieder heraus.

Armer Kerl. Auch klappte es lange nicht mit der Stubenreinheit. Allerdings immer in der Aufregung... es geht jetzt raus zum pullern... und schwupps floss es. Er schaute dann immer ganz niedergeschlagen. Das tat mir immer leid. Auch kann ich mich nicht mehr erinnern wie viele Kerzen der Kerl fraß, er kam an den unmöglichsten Stellen noch ran. Gassi kam ein wenig einem Hindernislauf gleich, da er wirklich alles fressen wollte. Das ist in abgeschwächter Form bis heute so geblieben. Die Angst vor Männern lernte er zu verlieren indem ich ihn mit in meine Werkstatt nahm. Sicher der harte Weg, aber obwohl meine Männer sonst sehr raubeinig waren, gaben sie ihre letzten Groschen für Flint aus, um ihm nebenan Leckerli zu kaufen. Da lernt auch ein Angsthase wie Flint ganz schnell, dass doch nicht alle Männer böse sind. Bis heute ist nur geblieben, dass Fremde im Allgemeinen nicht direkt auf ihn zustürzen sollten, wenn man ihm aber normal entgegen kommt, freut er sich über jeden. Im Herbst war sein Skelett inzwischen so stabil, dass wir beginnen konnten bei ihm noch zusätzliche Muskeln aufzubauen. So fingen wir mit dem Training vor dem Fahrrad an. Sharon war eh nie eine Sprinterin, sondern eine Hündin die im Trab mit dir bis ans Ende der Welt geht. Dies kam Flint natürlich nur zu gute. So wurde er insgesamt kräftiger.

Dann hieß es endlich, nach so langer Zeit, mein erstes eigenes Rennen, mit meinen eigenen Hunden. Dazu packte ich mein

Zelt und was man sonst noch so braucht zusammen und es ging gerademal um die Ecke zum Frauensee. Dort fand viele Jahre lang mehr oder weniger das Abschlussrennen der Saison statt. Mann war ich aufgeregt! Ich kam mir aber auch ein wenig dämlich vor. Ich kam zwar aus Kanada und hatte große Gespanne trainiert, nun saß ich hier aber mittenmang mit meinen zwei Fellnasen und fand das ein wenig kümmerlich. Alle hatten mehr Hunde, und ich war zum absoluten Anfänger degradiert. Als es dann am Samstag an den Start ging war ich aber trotz allem wahnsinnig aufgeregt. Schon wurden die Sekunden runtergezählt und ich schoss aus dem Startbereich. Mann, hatte ich gesagt meine Hunde wären Traber? Hier eindeutig nicht. Ich wusste nicht wie mir geschah. Sie rannten wie die Verrückten, und ich nahm mal wieder die Kurven sehr sportlich, diesmal allerdings mit dem Mountainbike. Die Hunde machten eindeutig einen Unterschied zwischen dem Training zuhause und dem Rennen. Ich kam glücklich ins Ziel, wenn auch trotz allem nicht mit der besten Zeit. Sonntag sollte es auch genauso sein. Hiermit hatte ich aber den Startschuss gegeben in die Welt der Musher mit meinen eigenen Hunden. Jetzt kannte ich die Leute und bekam immer mehr Informationen zu Rennen in der Umgebung. Die folgenden Jahre startete ich über die Saison im Zweiwochentakt. Logisch ist für alle, die als Musher unterwegs sind, ein Hund ist schön, zwei schon besser, aber alle guten Dinge sind ja drei, usw...! So kam was kommen musste, ich war auf der Jahreshauptversammlung von „Nordische in Not" und danach klönten wir noch am Grill und natürlich ging man unvermeidlich auch mal durch die Zwingeranlagen. Da saß nun ein neun Monate alter, dürrer, roter Rüde. Und er guckte! Das sagt wohl alles. So schnappte ich mir diesen neuen Hund und ging auch mit ihm eine Runde spazieren. Danach saßen wir wieder alle beisammen auf der Wiese und ein paar Mitglieder versuchten mich von dem Kerl zu überzeugen. Ich wollt ihn ja, aber da waren ja mal wieder meine Eltern. So fuhr ich erst mal ohne Jack nach Hause. Aber er ging mir nicht aus dem Kopf. Auch meine Freunde ließen nicht nach und simsten mir immerzu, ob denn Jack nun schon bei mir war. Diesmal erwähnte ich gegenüber meiner Mutter ausnahmsweise sogar, dass da ein Hund wäre und der wäre ja so süß. Ihre Begeisterung hielt sich natürlich in Grenzen. Sie gab zu bedenken, dass Sharon und Flint doch wie ein altes Ehepaar wären und ich es auch finanziell stemmen müsse, zudem kriege ich dann wohl in ihren Augen nie einen Mann. Vorne weg, ich habe meinen Ehemann nur aufgrund meiner Hunde kennengelernt. So was kommt von so was! Eine Woche später fuhr ich natürlich gegen jede Bedenken meiner Eltern mit Martin, einem lieben Freund, den Hund holen. Meine Eltern schwiegen, sie schwiegen auch noch die nächsten drei Tage. Martin hatte ohne mein Wissen sogar an dem Abend, wo wir Jack holten, ein gutes Wort für mich bei meinen Eltern eingelegt. Ohne Erfolg. Nach drei Tagen stand dann mal wieder meine Mutter in meinem Türrahmen, ob ich ihr nicht was zu sagen hätte. Ich stellte ihr Jack vor und meinte er wäre auch schon stubenrein. Sie hatte die Verbindungstür zwischen beiden Wohnungen einen Spalt offen gelassen und Jack huschte rüber. Direkt bis zum Fernseher und hockte sich ohne zu zögern hin und pisste auf den Teppich. Das war kein guter Einstand. Flint hatte das damals aber besser hingekriegt. Den Blick meiner Mutter können sie sich vorstellen. Mit hängendem Kopf ging ich den Teppich reinigen. Es war das einzige Mal, dass Jack in die Wohnung pullern sollte! Zugegeben kämpfte ich die ersten

Wochen extrem mit der Belastung nun drei Hunde beim Gassi am Bauchgurt zu haben und Jack sorgte in seinem Übermut für ziemliches Chaos. So war meine Freundin die mich nach einer Woche besuchte, und erwartete, mich überglücklich anzutreffen, ziemlich geschockt, dass ich stattdessen auf dem Boden saß und heulte. Ich kam nicht klar und hätte Jack am liebsten wieder abgegeben, aber sie redete mir gut zu und ich wusste ja auch, dass sie Recht hatte. All dies brauchte Zeit. So wirklich einen festen Verbund im Rudel und im allgemeinen hatte ich bei meinen Hunden immer erst nach einem halben Jahr. So blieb natürlich auch Jack und ich hatte mein eigenes kleines Rudel.

Was aber die Sparziergänge nicht einfacher machte. Nun zogen drei, und viele andere Hundespaziergänger hatten wenig Verständnis für die Dynamik eines Rudels. Sie fanden es eine gute Idee ihre freilaufenden Hunde jederzeit in mein angeleintes Rudel rein laufen zu lassen. Dies bedeutet aber zumeist für ein Rudel Angriff. So rutschte ich ein manches Mal bäuchlings mit meinen Hunden anderen hinterher und schimpfte.

Auch wenn ich sie im Gespann stehen hatte und sie sich in ihren Geschirren halbwegs strangulierten, taten die Besitzer der freilaufenden Hunde nicht im Geringsten etwas, um ihre Hunde abzurufen. Das ärgerte mich oft!

Die witzigste Begegnung in der Art hatte ich mal, als ich mit Sharon und Flint am Fahrrad trainierte. Es kam mal wieder ein Hund angeschossen ohne Frauchen in Sicht. Für mich hieß das, dass ich wieder einen Freiflug über den Lenker gebucht hatte. So lag ich unter den drei sich prügelnden Hunden und versuchte sie auseinander zu halten. Dies geschah kurz vor einer Kreuzung und irgendwann kam auch Frauchen schnatternd mit einer Freundin von vorne heran spaziert, und bog vollkommen desinteressiert einfach ab. Ich war baff. Ihr Hund folgte ihr. So rief ich hinterher, dass es doch schön gewesen wäre wenn sie gefragt hätte ob was passiert ist. Sie fragte: *„Ach, sie haben sich gebissen?"*, und beugte sich zu ihrem Hund runter, wuschelte ihn kurz durch und meinte nichts passiert und lief ihres Weges. Da fiel auch mir nichts mehr ein!

Leider gehört diese Art von Umgang zum Standard, was mir so manch eine unfreiwillige Erkundung des Erdbodens einbrachte. Auch Bäume wurden zu festen Bestandteilen unserer Gassirunden. An ihnen kann man sich gut festklammern.

Das eine Mal kam ich zu meiner zweiten Ausbildung mit bandagierten Knien und Unterarmen. Ich hatte wegen einem todesmutigen Schoßhündchens etliche Meter auf einem Schotterweg auf Knien und Unterarmen zurückgelegt. Eine Sache, die ich für nicht wiederholendswert erachte.

Trotz allem war es mein kleines Rudel, mit dem ich nun auch erfolgreicher bei Rennen an den Start ging. Inzwischen ziert daher so manch ein Pokal mein Regal. Vor allem war es aber einfach schön unter Gleichgesinnten zu sein. Ich hatte immer mehr Freunde gewonnen. Wie schon geschrieben hatte ich meine zweite Ausbildung begonnen und musste dazu jeden Tag mitten in die Stadt, was mir gehörig gegen den Strich ging. Für mich war das eine andere Welt, und für die anderen kam ich wiederum aus einer anderen Welt. So plante ich schon mal gleich die nächste größere Tour nach dem Abschluss der Ausbildung. Zu komisch war es allerdings die letzten Tage wo jeder erzählte was er so beruflich nach dem Abschluss vorhatte. Ich gab nur kund, dass ich dann erst mal wieder durch Skandinavien reisen würde. Mein

Leben! Innerhalb der Ausbildung hatte ich schon meine Probleme, da ich oft pädagogisch andere Ansichten vertrat. Ich sah die Welt anders und auch die Werkstatt hatte es mich anderes gelehrt. Sicher kann man nicht immer mit dem Holzhammer vorgehen, aber auch sogenannte „Kuschelpädagogik" allein hilft auch nicht. Meine Männer aus der Werkstatt hätten mich ausgelacht.

Für meine neue Tour plante ich drei Monate ein, diesmal mit drei Rabauken. So kaufte ich mal wieder Wanderkarten und noch zwei Rucksäcke für meine Jungs. Beginnen sollte es Ende Juli, also sortierte ich mich bis dahin.

Inzwischen nahmen es meine Eltern ziemlich relaxed. Was blieb ihnen auch anderes übrig? Es gehörte schon lange zu einem Standardspruch von Freunden meiner Eltern wenn sie anriefen: *„Ist sie gerade da oder schon wieder weg?"*. Die Tour sollte im groben auf der schwedischen Seite hoch gehen und dann bei Kiruna rüber auf die norwegische Seite nach Narvik wechseln und dann wieder in Richtung Süden. Diesmal wollte ich nur noch unbedingt die Lofoten mitnehmen.

Skandinavien im Sommer

Los ging es am 20 Juli. Der Wecker meinte um 4:30 Uhr wäre Schluss mit Nacht und bimmelte mich erbarmungslos wach. So ging ich leicht umnachtet noch eine Runde mit den Hunden. Eine Sache, die mich grundsätzlich morgens erst mal aus dem Koma holt. Um 5:30 Uhr rollte ich dann mit meinem Auto los, mal wieder winkte ich meinen Eltern, die mit ihren Ängsten allein gelassen wurden, auch wenn sie schon eine gewisse Übung in dem Ganzen hatten. Wie immer, wenn ich zu so einem Trip aufbrach, war ich mir des Ausmaßes am Anfang nicht ganz bewusst. Es ist immer vollkommen unreal und braucht ein paar Tage bis es echt wird. Was hatten es die Hunde gut, sie rollten sich vom Trubel vollkommen unbeeindruckt gemütlich im Auto zusammen und schliefen weiter. Ich hingegen steuerte in Richtung Rostock zur Fähre. Dort konnte ich, trotz Buchung einer späteren Fähre, schon eine frühere nehmen, da auf ihr noch Platz war. Für mein sentimentales Ich ging ich wie immer ans Heck des Schiffes und schaute der Abfahrt zu. Ich starrte solange in die Ferne, bis kein Land mehr zu sehen war. Ich war wieder unterwegs, wieder auf und davon. Ich atmete mal wieder tief ein.

Die Überfahrt nach Gedser dauert ja nur 1 ¾ Stunden, so rollten wir bald schon wieder durch Dänemark in Richtung Kopenhagen. Dort wollte ich dann die große Brückenüberfahrt nach Malmö in Schweden nehmen. Da ich das Fährticket und die Überfahrt schon vorher gebucht hatte, hatte ich einen sogenannten Transponder für die Schranke an der Brücke, so öffnete sich für mich die Schranke auf schwedischer Seite einfach so, wie von Geisterhand. Ich sah nicht einmal einen Zollbeamten, dem ich meine Hunde hätte vorstellen können.

Inzwischen war die Einreise zum Glück eh sehr vereinfacht worden. Man brauchte nur noch kurz vorher die Hunde mit Stempel im Ausweis entwurmen lassen, und sie mussten natürlich vollständig geimpft sein und einen Chip zur Identifizierung tragen. Dies hatte ich eh, da ich ja immer an Rennen teilnahm. Hier in Malmö beginnt schon die E6, die ich ja schon von Norwegen her kannte und nahm erst mal diese in Richtung Göteborg. Ich trullerte so vor mich hin, da Südschweden für mich nicht so den Reiz hatte. Man sah im Großen und Ganzen nur Felder, so hatte ich auch gewisse Probleme, was zum Übernachten zu finden und wich dann auf einen Zeltplatz aus, auch wenn das nicht der Plan war. Ich hätte auch Einheimische ansprechen können, doch das traute ich mich nicht. Dies würde weiter im Norden aber kein Problem mehr sein. So baute ich mein neues Zweimannzelt auf, in dem ich vorhatte, mit allen meinen Wuffels zu schlafen. Das Kochen auf meinem Benzinkocher war dann schon wieder eine vertraute Beschäftigung, die mir locker von der Hand ging. Abends konnte ich, nach kurzem zicken meiner Hunde, diese doch davon überzeugen alle mit mir in dem Zelt zu schlafen. Später sollten sie es sehr genießen. Kuschelig war es für mich allemal. Dies sollte sich später auf einer Wintertour echt bezahlt machen. Am nächsten Tag waren sie trotzdem der Meinung, die Nacht ist um 5:00 Uhr in der Frühe zu Ende. Nun hatte ich im Grunde eine Menge Zeit, aber ich kam noch mit der Platzbesitzerin ins Gespräch. Das war so nett, das hätte, glaube ich, auch noch den ganzen Tag so weitergehen können. Nachdem sie mir großzügiger Weise auch nur 1/3 des Preises abnahm, verabschiedete ich mich schließlich trotzdem von ihr. Mein Weg sollte ja weiter in Richtung Norden gehen. Die nächste Nacht verbrachte ich dann in der Nähe von Sunne. Dort konnte ich mein Zelt bei einer Familie aufstellen, die gleich nach meiner Ankunft alle an meinen Hunden hingen und sie kraulten. Als ich mein Zelt aufgebaut hatte standen sogar schon Wassernäpfe vor den Hunden. Hier ließ es sich aushalten. Den Blick hatte ich auf einen reißenden Bach. Auch wenn ich Geräusche beim Schlafen sonst eher als unangenehm empfinde, gehört das Plätschern eines Baches nicht dazu. Das einzige was den Komfort ein wenig minderte war, dass ich ein wenig im Moor stand. Ich musste Sharon eine Plastikplane hinlegen, da sie sich verständlicherweise nicht in die Pampe legen wollte. Die Nacht war dann aber ruhig, da alle Hunde einen festen Platz im Zelt gefunden hatten.

Bei der Abfahrt winkten mir alle nach, so als wäre ich ein Familienmitglied. Von hier an wird die Natur langsam rauer und aus meinen Augen schöner, aber dies ist natürlich individuell.

Jetzt fing ich langsam an zu mir zu kommen. Dies gehört immer zu der härtesten Zeit einer solchen Tour. Es ist schwer dies als Außenstehender nachzuvollziehen, aber die ersten ein bis zwei Wochen explodiert regelrecht die Seele. Von jetzt auf gleich ist man alleine mit sich und hat keine Möglichkeit, vor sich zu fliehen. Im Alltag zuhause ist man zu sehr im Trott, es gibt immer was zu tun. Man ist immerzu abgelenkt. Von der Arbeit nach Hause, Hunde, Freunde und wenn einem langweilig ist schaut man Fernsehen oder telefoniert. Man ist quasi immer beschäftigt und ist man verstimmt, hat man immer einen zum Reden. Das macht es einfach, vor sich selbst zu fliehen. Ist man aber plötzlich für längere Zeit alleine, muss man sich all seinen Gedanken auch alleine stellen und man hat verdammt viel Zeit. Alles läuft nochmal vor einem ab, all die Fehler, das Schlimme aber auch das Gute. So sinniere ich die ersten Tage immer über das warum, weshalb und wieso, heule mir die Augen aus und finde irgendwann nach der Hölle wieder zu mir. Dies ist für mich wie die Resettaste drücken, es gehört dazu, erst danach fange ich an wirklich zu reisen und runter zu kommen. Es gibt dann kein Ziel mehr, heute muss ich da oder dort sein, nur noch das Unterwegs sein zählt.

Ab dem dritten Tag sollte mein Running Gag anfangen, der mich quasi den Rest der Tour verfolgte, gut dass ich das bis Dato noch nicht wusste. Ich saß abends an einem schönen, perfekten Platz am See und es regnete in meine Suppe! Dies sollte sich für den Rest der Reise einstellen. Am Ende sollte ich mit allen Wassern gewaschen sein! So zog ich mich schnell mit meinen kuschelig nassen Hunden ins Zelt zurück. Morgens erfreute ich mich dann an einem zwei Zentimeter großen Riss in der Isomatte. Fing ja gut an. Auf dem Weg fand ich dann einen Sportladen, wo zwar keiner rechte Ahnung hatte, sich aber sehr rührig um mich kümmerten. Ich bekam einen Kleber und zog weiter. Nachdem es Tags über Trocken war, gesellte sich abends wieder Regen zu mir. So testete ich den Wohnkomfort meines Dacia Logan, da eh die Isomatte quer im Auto zum trocknen lag. Obwohl ich unter den schlechtesten Bedingungen meine Matte klebte, muss ich aber im Nachhinein sagen, sie hält bis heute! Im Auto sitzend sinnierte ich darüber nach, wer denn nun vor die Türe gehen und das Abendbrot kochen würde. Die Antwort meiner Hunde war es, dass sie sich einkringelten und ihre Schnauzen unter die Rute steckten, Okay danke, fällt Abendbrot halt aus. Die Küche bleibt kalt. Gut dass ich mir grundsätzlich vor den Touren ein wenig

Bauch anfuttere. Die Nacht war dann zugegeben nicht gerade die bequemste, aber am nächsten Morgen sollte es ja auf die erste Tour gehen, worauf ich mich ungemein freute. Ich war im Jämtlands Lan. Die Tour hieß „Klassiker Jämtland Dreieck" und startete an der Storulvans Fjellstation. Ich packte meinen Rucksack und die meiner drei Hunde und los ging es. Der Trail war an sich einfach zu gehen, aber ich hatte es unterschätzt, wie es mit meinen drei Verrückten sein würde, wenn ich mit ihnen hier unterwegs sein sollte. Sicher ich ging zuhause auch mit allen dreien am Bauchgurt spazieren, aber hier waren sie wie ausgewechselt. Sie zogen ohne Unterlass und es interessierte sie herzlich wenig, ob ich hinter ihnen kontrolliert, oder eben auch nicht, die Steine hoch und runter stolperte. Selbst nach fünf Stunden zogen sie noch, als gäbe es kein morgen. Immerhin hielt sich das Wetter den Tag über und erst als ich abends bei der Fjellstation ankam, fing es an zu regnen. Aber es hörte bald wieder auf. Die Ruhe im Lager wurde nur jäh unterbrochen, als ein Rentier bei uns vorbeischaute. Mann waren meine Hunde begeistert!

Wo ist nur das Rentier hin???

Zum Schluss saß ich wieder auf einem Stein und genoss die Aussicht und ließ mich von den Mücken bei lebendigem Leibe verspeisen. Nach 20 Mückenstichen im Gesicht sah ich, aus als hätte ich einen üblen Kampf gehabt. Aber was soll's. Ich war unendlich stolz wie tapfer meine Hunde mit mir gegangen waren, und wir heute auch schon unseren ersten reißenden Bach ohne große Probleme überquert hatten. Jetzt blickte ich auf sie und sie tobten an den langen Leinen miteinander herum.... Woher um Himmels willen nahmen sie diese Kraft? Das konnte ja heiter werden. Ich hoffte inständig, dass sie mit der Zeit ruhiger werden würden, so könnte ich jedenfalls nicht lange durchhalten. Am späten Abend folgte dann aber noch eine kleine Katastrophe. Ich war der Verzweiflung nahe. Jack schluckte nur noch ganz komisch und japste nach Luft. Erst dachte ich, er hätte sich irgendwie verschluckt doch nach drei Stunden wurde ich langsam panisch. Logisch, dass man in solchen Situationen immer irgendwo in der Pampa mitten auf einem Berg sitzt. Ich rief Barbara, meine Tierärztin in Deutschland, an und sie gab mir ein paar Tipps, die aber leider nicht zum Erfolg führten, waren wir doch so weit weg. Sie war unendlich besorgt um uns, verbindet uns doch eine liebe Freundschaft miteinander. An der Fjellstation traf ich dann noch eine Tierärztin, allerdings für Pferde. Sie half mir Jack dann nochmal genauer zu untersuchen, trotzdem konnten wir aber nichts entdecken. So verbrachte ich die halbe Nacht mit Jack im Arm. Nach fünf Stunden atmete er wieder normal, aber ich fand keine Ruhe mehr, da ich den Rest der Nacht immerzu nach seiner Atmung schaute. Am nächsten Morgen war alles, als wäre nichts gewesen. Die Tierärztin schaute auch nochmal nach uns. So packte ich meine Sachen und zog weiter. Nach der Hälfte der Strecke fing dann Flint an zu japsen!!! Ich war verzweifelt, bei ihm war es aber wesentlich schwächer und es hielt nicht lange an. Ich machte immer wieder längere Pausen, da mich die Verrückten eh mit ihrem gezerre an den Rand meiner Kraft brachten. Die Strecke ging hoch und runter über Felsen und Steine, an denen ich mir gefühlte 1000-mal die Zehen anschlug. Da meine Füße auch noch nass wurden drohte ich böse Blasen zu bekommen. So umwickelte ich kunstvoll meine Füße mit Klopapier. Hier trug ich meist meine Wandergummistiefel, die unschlagbar praktisch waren, gerade bei den vielen Bachdurchquerungen, die man auch nicht ganz so gezielt nehmen konnte, wenn drei Hunde in alle möglichen Richtungen zogen, aber auch bei den knöcheltiefen Moorflächen. Allerdings waren diese natürlich wenig atmungsaktiv. Sharon war im Durchqueren der Flüsse am geschicktesten, die Jungs stellten sich zuweilen etwas tollpatschig an. Gerade Jack, der sonst eher der dominante Rüde ist, war hier, je tiefer die Querung war, umso zögerlicher. Abends trocken im Zelt, denn, Überraschung!, draußen regnete es, waren meine Hunde zu kleinen Murmeln zusammengerollt und keiner bewegte sich mehr. Morgen sollte es in die Nähe von Gamla Sylen zurück gehen, vorbei an einem Rentiergatter. Ich freute mich schon. Im Zelt sitzend reflektierte ich die Tage. Auf dem Trail habe ich lauter nette Leute getroffen, gerade durch die Hunde kommt man mit allen ins Gespräch. Alle wollen natürlich wissen was und wie viel in den Packtaschen der Hunde ist und ob wir auch im Winter Schlitten fahren. Es ist schön wieder so offene, freundliche Menschen zu treffen. Morgen Abend gibt es dann, nachdem ich sicher schon nach totem Pferd rieche, auch einen Satz frischer Wäsche. Kleine Dinge auf die man sich hier halt freut. Nachdem es die Nacht über geregnet hatte, begrüßte mich der Tag leider auch mit Regen. So holte ich die ganze Gummipelle raus und packte alles klitschnass ein. Die Problematik ist dabei die, dass man sich dadurch die Feuchtigkeit überall hin holt. Heißt: War das Zelt vorher innen noch trocken, so ist es spätestens nun auch innen nass. Zur großen Freude wenn man es dann abends aufbaut und die eh schon nasse Isomatte dann auch noch in eine Pfütze legen kann. Dies sollte mich auf der Tour noch einiges an Nerven kosten, denn trocken wurde es im Großen und Ganzen gar nicht mehr. Auch ist eine sogenannte Regenjacke und -hose eine schöne Sache. Läuft man aber unter Belastung lange Strecken darin, versagt jegliche Atmungsaktivität und man ist dennoch darunter komplett nass. Den Tag hatte ich aber zumindest soweit noch Glück, dass es nach zwei Stunden aufhörte zu regnen und nur noch bedeckt blieb. Damit es aber nicht langweilig wurde, hatte ich ein ganz besonders schönes

Erlebnis, auf das ich allerdings in näherer Zukunft gerne verzichten würde: Eine Rentierherde. Das Resultat war, dass ich mich rücklings mit dem schweren Rucksack hingeworfen habe und mich krampfhaft im Gestrüpp und Moos versuchte festzuhalten. Denn bekanntlich hatte ich drei Huskies am Bauchgurt und an einer Senke tauchten unvermittelt, aber zur großen Freude meiner Hunde, um die 100 Rentiere auf. Sie liefen in kaum 10 Metern Abstand an uns vorbei und ließen sich von meinen hysterisch kreischenden, springenden Huskies gleich null aus der Ruhe bringen. Im Gegenteil, sie blieben stehen und grasten erst einmal noch gemütlich ein wenig Moos. Ich versuchte hingegen, lebendiger Anker zu spielen und gab sicher ein sehr lustiges Bild ab für die drei Wanderer, die an mir vorbeikamen. Später, nachdem dann noch eine zweite Herde an mir vorbei gezogen war, versuchte ich weiter zu gehen. Was sich noch über eine Stunde als nicht sehr erfolgreich darstellte, da meine Hunde immer noch im Jagdmodus waren. Bilanz am Ende des Tages war, dass wir nach drei Tagen 48 km weit gegangen waren, was zwar nicht weit erscheint, sich hier aber durch bergauf und -ab mit samt den Hunden ziemlich hinzieht. Dafür hatten meine Hunde aber gelernt, durch Bäche und durch bauchtiefen Schlamm zu gehen, über Gräben zu springen und auch über ausgelegte Balken zu balancieren, um nicht im Moor zu versinken. Dies war fast der schwerste Teil, denn drei Hunde mitsamt Packtaschen geben eine ziemliche Breite ab.

Zu den größten Hürden gehörten allerdings die meterhohen, schwankenden Hängebrücken über reißenden Flüssen. Sie bestanden oft nur aus Rosten, wo die Hunde mit ihren Pfoten eh schon schlecht darauf stehen konnten. Selbst ich war zuweilen nicht ganz so begeistert von diesen schwankenden Dingern.

Dünn machen

Nicht spaßig

Ich war dann aber meist zu beschäftigt den Hunden gut zuzusprechen, als mir selbst in die Hose zu machen.

Abends fiel ich erst mal tot ins Zelt und versprach meinen Hunden morgen einen Ruhetag. Am Morgen musste ich allerdings erst mal meine Beine davon überzeugen dass deren Funktion darin besteht, dass ich aufrecht stehen und laufen kann. Danach gab es ein Bad im See. Nachdem dabei mein Hirn gefühlt eingefroren war, legte ich die Beine hoch und genoss den Tag mit meinen Hunden. Nach einer Woche war ich langsam am runterkommen. Ich war nicht mehr innerlich gehetzt vorwärtszukommen. Ich schaltete einen Gang runter. Alles wurde wieder zur Routine. Das Zelt auf- und abzubauen, Essen auf dem Kocher zuzubereiten, alles waren wieder Griffe, die ich auch mit verbundenen Augen hinbekommen hätte. Sicher, ich zeltete auch auf den Schlittenhunderennen im Winter immer übers Wochenende. Aber dies ist nur ein Wochenende und damit was vollkommen anderes. Hier war ich auf mein Zelt angewiesen, es war meine kleine Burg, mein Zuhause. Ich lebte darin. Den Rest des Tages verbrachte ich mit dem Lesen eines Buches und schaute meinen Hunden beim Schlafen zu. Heute war dann auch der Tag zum Öffnen meines kleinen Care Paketes, das mir Kathi, eine liebe Freundin, mitgegeben hatte. Ich bin immer wieder überrascht, was in eine winzige Pappbox alles reinpasst, einmal geöffnet kriegt man das nie wieder rein, wie auch immer sie das bewerkstelligte. Es sind immer kleine Heiligtümer. In dem Buch, das ich heute las, über zwei Frauen, welche die Antarktis mit Skiern durchquerten, standen zwei Gedichte, die mich sehr berührten. Und ich nahm mir vor, diese zum Leitfaden meiner Tour zu machen.

Zuerst das Gedicht von Antonio Machado.

„Wanderer, der einzige Weg ist dein Schritt,
es gibt keinen anderen.
Wanderer, es gibt keinen Weg,
du schaffst ihn beim gehen.
Im gehen schaffst du den Weg,
und hältst du inne und blickst zurück,
siehst du den Weg,
den deine Füße nie wieder nehmen werden.
Wanderer, es gibt keinen Weg,
nur Schaumspuren auf dem Meer."

Was mich zutiefst berührte, sind aber die Zeilen von
Rachel N. Rennen.

„Freude ist Ausdruck eines bedingungslosen Lebenswillen, die
Fähigkeit, sich nicht zu verschließen, nur weil das Leben nicht
unseren Wünschen und Erwartungen entspricht. Freude entsteht aus
der Bereitschaft, das Ganze zu akzeptieren und sich dem zu stellen,
was ist. Das verleiht ihr eine Unverwüstlichkeit, die uns verloren
ginge, wenn wir auf ein bestimmtes Ergebnis fixiert wären."

Sicher ist dies nicht immer einfach umzusetzen, aber ich wollte es
versuchen. Gerade die Freude an kleinen Dingen geht uns oft zu
schnell verloren. Auf der Reise hier wollte ich doch den Tag so
genießen wie er ist. Nicht Ziele setzen in der Hinsicht, dass ich
noch diesen oder jenen Ort erreichen muss, weil sich die Tour
sonst nicht lohnen würde. Die Tour würde sich schon alleine
daher lohnen, weil ich die Freiheit hatte mir diese Zeit zu

nehmen. Ich war frei und hatte Freunde und Familie die mich unterstützten. Am nächsten Morgen waren wir wieder ein wenig ausgeruht, nur musste ich erst mal Flints Kopf kontrollieren, da Jack gestern der Meinung war ihm die Ohren lang zu ziehen, wegen dem Wahnsinnskampf um eine Wasserschüssel. Zu blöd. Der Cut war aber durch getrocknetes Blut in den Haaren gut zusammen geklebt und würde von ganz alleine heilen. Endlich mit Sack und Pack aufgebrochen war der Trail wirklich schön. Der Start war in Vålådalen und sollte wieder drei Tage gehen. Es ging durch total urigen Wald und Moor, alles war fast unwirklich grün. Zur großen Überraschung fing es mitten am Tag dann mal wieder an zu regnen. So langsam reichte es aber auch, aber gut, das schlimmste daran war eh, abends auch noch die nassen Hunde mit im Zelt zu haben. Als ich an der Lunndörrsstuga ankam fragte mich gleich das alte Pärchen, was dort die Hütte betrieb, ob sie für mich die Sauna anmachen sollten. Ich lehnte aber ab. Zudem fragten sie mich, ob mein Zelt wirklich gut wäre, denn es solle nachts sehr stark regnen und stürmen. Na, das ließ ja mal wieder hoffen. Da das ja schon zu dem Gewohnten gehörte, probierte ich mich dann heute noch in neuen Katastrophen. Nach 10 Jahren einwandfreien Funktionierens stellte heute mein Kocher seinen Dienst ein! Oh Mann, so setzte ich mich ins Zelt und futterte Studentenfutter und überlegte dabei, wie weit sich eigentlich meine Zeltstangen biegen würden bevor sie brachen. Mann stürmte es, aber das Zelt hielt tapfer durch und ließ auch den Regen draußen.

Ich wollte dann morgen in aller Ruhe umdrehen und am Auto meinen Kocher zerlegen, meist war es ja nur ein Problem mit einer verstopften Düse. Morgens erwartete mich ein Wetter, als wäre nichts gewesen. Allerdings nur für genau drei Stunden, so konnte ich aber wenigstens noch ein wenig was vom Weg sehen, der mir gestern auch schon durch Nebel und Regen verhangen war. Der Regen sollte mich die gesamte Reise begleiten. Am Auto zurück zerlegte ich dann meinen Kocher in seine Bestandteile und reinigte ihn gründlich. Was soll ich sagen die Küche blieb auch heute kalt. Mehr als verrußte Hände konnte ich nicht verbuchen. So versuchte ich nur noch meine Hände ein wenig sauber zu bekommen und meine Kleider zu trocknen. Die Schuhe müssen an den Füssen trocknen, basta. Jack brachte am Tag noch die Nummer auf einen dieser hölzernen Tisch-Bank-Kombinationen zu klettern, da es ihm langsam überall zu feucht war. Trotz allem waren wir zufrieden und glücklich. Wieder hatten wir ein Stück gesehen und gelernt.

Bei der kleinen Tour war vor allem erschwerend, dass der Pfad sehr schmal war, so dass die Hunde nicht mitsamt den Packtaschen nebeneinander laufen konnten. Gingen sie hintereinander, hatte ich allerdings das Problem, dass ich dem letzten immer in die Haxen trat. So sortierte ich immer einen der Hunde hinter mich, was der jeweilige immer nur mürrisch hinnahm.

Am Morgen hatte ich dann eine lustige Nummer zu verbuchen. Es regnete mal wieder aus allen Eimern, aber nein das war's nicht was ich meinte. Sondern dies: Sonst musste ich beim Aufstehen bisher immer aufpassen dass nicht alle Hunde gleichzeitig herausstürmten, doch diesmal machte ich die Zelttür auf und Sharon setze eine Pfote vor - igitt es regnet-also wieder zurück und sich demonstrativ auf den Allerwertesten gesetzt.

Nachdem ich sie dann doch alle raus bugsiert hatte und sie am Auto festgebunden waren, machte ich unvorsichtigerweise die Türen auf und allesamt sprangen ins Auto und rollten sich ein.

Okay, ich habe es verstanden, wir fahren heute eh nur ein wenig weiter in Richtung Norden. Beim Tanken sprach ich mit dem ortsansässigen Tankwart. Der meinte, es wäre der schlimmste Sommer den sie je hatten.

Ja, das half mir nun besonders. In Järpen habe ich mir dann einen neuen Kocher gekauft. Einen, den ich hier schon bei allen Schweden und auch so schon, bei anderen Mushern, gesehen hatte. Es ist ein einmaliges Patent aus Schweden, wo man mit Düsen etc. keine Probleme mehr hat und der auch vor allem bei winterlicher Kälte gut funktioniert, denn gerade da steigen dann viele Kocher aus. Zugegebenermaßen kam der Kocher dann aber heute nicht mehr zum Einsatz, denn ich holte mir einfach einen großen, fettigen Burger. Was für ein Hochgenuss. Und da wir gerade dabei waren auch noch zwei Stücke Kuchen.

Man soll sich ja in seinem Buch nicht ständig wiederholen, so erwähne ich nur vollkommen beiläufig, dass es am nächsten Tag natürlich auch regnete. Aber ich hatte immerhin den Erfolg zu verbuchen meinen neuen Kocher in Betrieb zu nehmen und mir endlich wieder Mittag kochen zu können und zur allergrößten Freude endlich wieder einen Kaffee. Genüsse des Lebens. Ich genoss den Blick aus meinem Zelt auf den See vor mir und ließ mich durch den Regen einlullen. Der Regen hielt auch am darauffolgenden Tag an. Am übernächsten aber wurde ich von Sonne geweckt. Ich war ganz verwirrt. Nach zwei Stunden regnete es wieder - puh, ich dachte schon.

So traf ich die letzten Vorbereitungen, um Morgen dann wieder auf Tour gehen zu können. Inzwischen war ich schon in Lappland angekommen und schlenderte ein wenig durch Kiruna, legte mich aber früh ins Zelt, da die nächste Tour wieder ein wenig länger werden sollte. Wobei..., wenn ich mir Länge und

Streckenprofil anschaute, war ich mir dessen nicht ganz so sicher. Der Tag begann griesegrau in Nikkaluokta, und doch sollte ich mir auf dieser Tour noch einen tierischen Sonnenbrand holen, auch wenn es noch nicht so aussah. Ich wollte zum Kebnekaise. Er ist mit 2104 Metern der höchste Berg Schwedens. Der Trail führte zuerst leicht bergan und ging durch Birkenwald, Moore und Flüsse. Als die Sonne rauskam, war es nur noch fantastisch. Etliche Kilometer führen auch am Läddjujärri vorbei, der in einem wundervollen Türkis schimmerte. Dort kann man auch, wenn man möchte, ein Stück mit dem Boot fahren.

Ich aber schlenderte mit meinen Hunden weiter in der Sonne und bestaunte die urwüchsigen Pflanzen hier.

Noch ein kleines Stück lag vor mir

Auch machte ich ein ganz spezielles Bild für meine Mutter, denn bevor ich immer wieder von zuhause aufbreche, gibt sie mir immer mit auf den Weg: Setze dich auch einfach mal auf einen Stein und atme. Zugegeben war die Aktion nicht ganz so gechillt, denn ich hatte mir einen Riesenstein ausgesucht und sprintete dank Selbstauslöser an der Kamera immer wie verrückt auf den Stein und wieder zurück..., bis ich ein perfektes Bild davon hatte.

Am Fuße des Kebnekaise stellte ich mein Zelt dann in Ruhe alleine auf. Nur in unmittelbarer Nähe der Fjellstation finden sich mehrere Zelte ein, ein paar Meter davor sitzt man aber schon in der Einsamkeit. So lagen meine Hunde und ich in der Sonne und genossen die Aussicht über das Tal und hörten der unendlichen Stille zu. Morgen werde ich mich an den steilen Anstieg zum Gipfel machen, der sich nur bei gutem Wetter lohnt und auch sicher ist. Dafür lasse ich dann auch einfach mein Zelt und alles hier, da ich abends wieder hierher zurück kommen werde. Ich war nur froh, dass sich die Hunde inzwischen schon ganz gut eingespielt hatten und ein wenig ruhiger waren…was man so ruhig nennt. Sagen wir einfach im Rahmen ihrer Möglichkeiten.
Sie schätzen Situationen einfach besser ein. Gerade mein Flint, der sonst der Zurückhaltendste von allen ist, springt hier von Stein zu Stein, durchquert Flüsse und stapft durch die Moore, als hätte er nie was anderes gemacht. Er zeigte nie auch nur eine Spur von Angst, selbst bei den Hängebrücken, wo ich Jack immer am meisten gut zureden musste. Sharon juckte irgendwie nichts, sie ist einfach nur taff, nur die letzten Kilometer war sie durch die plötzliche Hitze und ihrem Alter dann schon ein wenig platt.

Aber dann können wir beiden Mädels wenigstens gemeinsam jammern.

Am folgenden Tag startet mein Tagebucheintrag mit: *„Fuck I`m Dead"*. Au Backe, aber fangen wir von vorne an. Voller Fassungslosigkeit betrachtete ich erst mal am Morgen, dass da so ein gelbes Ding vom Himmel schien. Gut, dass die Sonnencreme im Auto liegt, wer rechnet schon mit Sonne! Um 8:00 Uhr stiefelte ich dann frohgemut los. Nur die Jungs hatten diesmal Packtaschen aufgeschnallt bekommen um ein wenig was zu essen mitzunehmen. Der erste Kilometer lässt einen gemütlich nichts ahnen, bis man um die Ecke kommt und nur noch Felsen sieht und das Ganze aber bitte steil bergauf. Laut der Angabe an der Station sollte es die letzten drei Wochen nur geschneit oder geregnet haben. So hatte ich ausnahmsweise mal ausgesprochenes Glück. Der Anfang des Anstieges verlief an einem großen Bach hinauf und durch das erste Schneefeld. Mit Erschrecken gaben oft selbst wirklich große Felsen unter meinen Füssen nach. Eine Weile später häuften sich dann auch die Schneefelder, in denen ich kaum Halt fand. Was meine Verrückten aber immer nur dazu animierte, wie wild im Schnee zu toben. Sie hatten einen Mordsspaß. Ich strauchelte, wild mit den Armen rudernd. Von außen sicher ein netter Anblick. Dann war ich quasi auf der letzten Anhöhe vor dem Rest des Anstiegs. Nur noch 500 Meter, diese gingen allerdings gefühlt senkrecht nach oben, zum Teil über ein Schneefeld. Oben liegt die Hütte Toppstugan und ein Gletscher, der für mich unerreicht bleiben sollte. Auch wenn ich vielleicht ja den Anstieg mit meinen Hunden geschafft hätte, wäre ich von dort in keinem unversehrten Zustand runtergekommen. Ich sollte schon bei dem Weg, den ich hoch genommen hatte, viel Spaß haben wieder runter zu rutschen.

Zuallererst aber genoss ich einfach die fantastische Aussicht von hier oben.

Einfach fantastisch

Von hier konnte ich fast den gesamten Weg einsehen, den ich die letzten zwei Tage genommen hatte. War das beeindruckend. Aber auch so über all die Berge mit ihren Schnee bedeckten Spitzen zu sehen war atemberaubend. Der Weg zurück sollte für mich zum Highlight werden. Ich musste mich rücklings im Vierfüßlergang langsam kontrolliert abrutschen lassen. Ich ließ mich also auf den Schuhsohlen und den Händen so weit rutschen, bis ich mich wieder an den nächsten größeren Stein festkrallen oder meinen Fuß rein stemmen konnte. Die Hunde zogen ohne Unterlass wie blöd. Diesmal verfluchte ich sie echt mal. Sie ließen sich einfach ohne Rücksicht auf Verluste im Seil hängen. Ich konnte kaum mehr, und war froh, dass meine Schuhe so gut durchhielten, auch dass ich zumeist durch die drei Hunde am Bauch zur besseren Griffigkeit Fahrradhandschuhe trug, und zwar die mit langen Fingern. Das rettete quasi meine Hände bei der Tour. Sie waren echt unbezahlbar. Die Schneefelder nahm ich dann meist auf dem Hosenboden rutschend, was schon wieder einen gewissen Fun Faktor hatte, außer dass dann halt eben dieser nass war. Ich musste dabei nur immer irgendwie vor dem Übergang zu den Felsen wieder zum Halten kommen. Gerade diese Übergänge sind auch die gefährlichsten, denn durch die Erwärmung der Steine wird die Schneekante brüchig. Zurück am Zelt hatte ich fast das Bedürfnis, es zu knutschen.

Fix und fertig

Ich beschrieb den Kaffee, den ich mir als erstes danach kochte, als den weltbesten Kaffee den es überhaupt geben konnte. Fazit des Tages war aber, dass sich jeder Meter gelohnt hatte, trotz zwei neuer tief lila gefärbter Zehen. Davon sollte ich noch länger was haben. Zudem verlor ich dummerweise auch noch eine meiner Kronen im Mund, so dass ich wohl mal wieder auf einem Trip durch die Welt einen Zahnarzt aufsuchen musste. Egal wie oft ich zuhause auch immer beim Zahnarzt war, irgendwie muss ich in vielen Ländern dann doch wieder zu einem. Darüber könnte ich auch schon fast ein Buch schreiben. So streckte ich mich abends aus und wachte erst wieder bei einem mir ganz vertrauten Geräusch auf. Es war Morgen geworden und es tröpfelte auf mein Zeltdach.... Hey, das war mir vertraut, und es brachte mich schon langsam nicht mehr aus der Ruhe, ich freute mich nur, dass das Wetter die letzten beiden Tage so gnädig mit uns gewesen war. Bis auf Nieselregen sollte sich das Wetter aber ganz gut fangen und der Rückweg war ja im Vergleich zu dem gestrigen ein Kinderspiel. Ich wurde heute nur wieder gefühlte 1000-mal angesprochen und fotografiert. Zum Schluss begleitet mich irgendein Typ noch die letzten sechs Kilometer. Er ließ sich dann zu der Bemerkung hinreißen, dass man ja das Gefühl bekäme mit jemanden Berühmtes hier durch Schweden zu laufen, so häufig wurde ich angehalten. Das amüsierte mich sehr, wir hatten dann aber die letzten Kilometer ein recht nettes Gespräch, so dass ich schnell wieder an meinem Ausgangspunkt zurück war.

Abends saß ich in meinem Auto, und es schüttete wieder wie aus allen Eimern, unglaublich. Ich war froh im zwar unbequemen, aber trockenen Auto zu sitzen. Ich schaute meinen Hunden beim Schlafen zu und freute mich, mit ihnen so viel erleben zu dürfen. Aus der Sicht von Sharon, meiner alten Hündin, waren kurze Touren, die 3-4 Tage gingen, das Maximum. Danach brauchte sie 1-2 Ruhetage, aber ehrlich, die brauchte ich auch! Es zerrte im wahrsten Sinne des Wortes ganz schön an meinem Körper.

Nach einem Tag Pause beschloss ich wieder eine Dreitagestour auf dem Kungsleden zu gehen. Ich hätte aber einfach noch einen Tag warten sollen, denn Sharon und ich krochen wirklich nur noch so vor uns hin. Schon als sie die Packtaschen sah, zog sie eine Fresse. Zudem, Überraschung!, regnete es mal wieder und das auch noch in meinen Kaffee! Geht ja gar nicht. So langsam könnte ich da schon mal aus der Haut fahren. Die meiste Zeit kämpfte ich gegen die Feuchtigkeit, die in alles zieht. Das Zelt ist pitschnass, auch die Isomatte, der Schlafsack und sämtliche Klamotten. Irgendwie kriege ich es meist kaum noch trocken. Abends sucht man dann einen Schlafplatz, wo man nicht vollständig im Schlamm versinkt! Ich weiß, das ist Jammern auf hohem Niveau, aber so langsam ist es echt anstrengend. Irgendwie kamen wir heute nicht in den Trott. Sharon watschelte hinter mir her wie verdroschen und ich tat es ihr gleich hinter meinen beiden Jungs. Wir suchten uns dann an einem Fluss ein schickes Plätzchen zum Schlafen und Sharon fand noch ein großes Stück Rentiergeweih. Da war ihre Laune wieder besser, und sie nagte so lange an dem Stück, bis sie es komplett verspeist hatte. Abends gesellten sich noch zwei weitere Zelte zu uns und ich bekam echtes Kino geboten. Ein junges Pärchen wollte anscheinend für drei Wochen den Kungsleden gehen und hatte sich die Ausrüstung wohl gerade erst gekauft. Alles war noch frisch eingepackt und sie verstrickten sich schon beim Zeltaufbau. Nachdem sie dann über zwei Stunden versucht hatten (Respekt fürs Durchhalten) ein Feuer zu machen um zu kochen, holten sie dann doch den Gaskocher raus. Ob die beiden den Weg bis zum Ende durchhielten? Und ob sie dann noch zusammen wären? Wenn ja konnte sie danach wahrscheinlich nichts mehr aus der Fassung bringen.

Eine andere Gegebenheit brachte mich am nächsten Tag dann aber doch leicht aus der Fassung. Nachdem ich zum Auto zurückgekehrt war und mir einen schönen Platz am See gesucht hatte, regnete es wie immer, neben mir stand ein LKW. An sich nicht weiter beunruhigend, aber dann versammelten sich langsam immer mehr Sanitäter und Polizei, und kurz darauf wurde der Fahrer im weißen Tuch abtransportiert. Dies stimmte mich unendlich traurig, denn wie schnell konnte das Leben vorbei sein. Der arme Mann war einfach auf der Arbeit in seiner Koje gestorben. In der Ferne, weit weg von zuhause. Das Nummernschild besagte, dass er aus Dänemark kam. Wie dankbar sollten wir doch für jeden Tag sein, kann es doch so schnell zu Ende gehen. Wie oft jammern wir über Belanglosigkeiten und vergessen wenigstens einmal am Tag zu lächeln. Und möglichst genau dieses Lächeln auch auf ein Gesicht von jemand anderen zu zaubern. Ich ging hinunter zum See und schaute mir die wundervollen Wolken an. Wie sie dahin zogen, sich türmten oder zerflossen, ihre Schönheit und Vergänglichkeit. Die Einfachheit des Seins.

Die nächste Tour sollte mich an meinen alten Lieblingsplatz zurück bringen. Ich wollte noch einmal dieselbe Strecke gehen, die ich ja schon vor so lange Zeit mit Sharon gemacht hatte. Startpunkt war wieder Låktåtjakka. Nach anfänglicher Bewölkung kämpfte sich sogar wieder die Sonne raus, so dass doch gleich alles wieder viel freundlicher erschien. Ich war einfach wieder ganz hingerissen von der Schönheit der Natur hier.

Auch die Hunde genießen

Wieder ging es über Stein und Fels nach oben, und ich bewunderte wie immer die Bäche und die Schneefelder, die oft noch auf ihnen lagen, und aus denen dann ganz unvermittelt der Fluss heraus fließt. Ich konnte mich einfach nicht satt sehen an den ganzen Bächen, Wasserfällen und den tausenden von Steinen. Selbst Flint war kaum zu bremsen, sonst so zurückhaltend, sprang er hier von rechts nach links und wieder zurück. Seine Ohren waren auf Durchzug gestellt, er wollte überall zugleich sein. Auch in Pausen schaffte er es nicht, sich mal auf seinen Plüschhintern zu setzen und mal kurz Ruhe zu geben. Abends saß ich dann in Thermoleggins und Pulli in der Sonne, mit Blick auf einen See. Eine unglaubliche Stille umgab uns. Nichts rührte sich, auch die Hunde waren ganz entspannt. Die Welt schien stehen geblieben zu sein. Es war einer der perfekten Momente, der vollkommene Frieden.

Morgen musste ich mich leider ziemlich sputen, denn ich wollte in Narvik zum Zahnarzt. Hobbys die man so hat. Eigentlich freute ich mich zumindest auf die Autostrecke dahin, denn für mich war das eine der schönsten Strecken. Die Felsformationen finde ich einmalig. Aber ich sollte zutiefst geschockt sein, denn sie hatten in die vollkommene Wildnis Windmühlen gestellt. Das konnte ich einfach nicht fassen. Sicher rege ich mich nicht wie andere Touristen über die ganzen Überlandleitungen auf, denn mir war sehr wohl bewusst, dass schließlich auch die Schweden und Norweger Strom haben wollten, was nun mal entweder wegen dem Permafrostboden oder Gestein schlecht in den Boden zu bringen war. Aber mussten denn nun diese Windmühlen sein? Ich war echt betrübt, hatte ich mich schon seit Tagen auf diese Strecke gefreut. Die 3 ½ Stunden beim Zahnarzt rissen meine Laune jetzt nicht unbedingt nach oben. Danach ging es zum Herjangsfjord, da man da einfach prima zelten und übernachten kann. Dort konnte ich mit meinen Hunden an dem menschenleeren Steinstrand entlang spazieren und auf den Fjord hinausschauen. Neben mir fand sich dann ein Schweizer Pärchen zum Übernachten ein. Sie waren nun schon seit fast acht Monaten unterwegs. Wie immer eröffneten meine Hunde das Gespräch. Zuerst waren sie wohl in der Schweiz unterwegs gewesen, danach mit dem Fahrrad in Österreich und nun in einem kleinen Wohnbus in Skandinavien. Zurück wollten sie gerne über Finnland und die Oststaaten. Da hatten sie ja noch was vor. So verquatschten wir irgendwie den Nachmittag dass ich Abends dann nur noch ins Zelt plumpste. Nachdem ich nun seit einem Monat unterwegs war, startete ich zur allgemeinen

Verwunderung um nichts einreißen zu lassen, den Tag bei Sturm, Regen und Nebel. Mein nächstes Ziel sollten die Lofoten sein.

Schroff und schön zugleich

Man hatte ja schon so viel von diesen recht unwirklichen Inselgruppen gehört. Die Natur war schroff, die Berge ragten rechts und links steil hinauf, sind aber im gesamten nicht wirklich hoch. So erinnern sie eher an kleine Hügel und zwischen ihnen die Fjorde. Sehr bizarr. Die Spitzen, auch wenn nie hoch, sind oft von Wolken oder Nebel verhangen. Zudem sind die Ansässigen wohl Meister im Brückenbau, denn diese gibt es logischerweise hier ohne Ende. Momentan befand ich mich ja noch auf den nördlichen Inseln von Vesterålen. Die südlichen Inseln, die eigentlichen Lofoten, sollten noch schroffer und unwirklicher sein. Dies konnte ich mir kaum vorstellen. Nun stand ich inmitten von diesen Bergen an einem Fjord und kochte mal wieder ein Süppchen. Ich wusste nicht genau wo ich war, aber dies spielte auch überhaupt keine Rolle. Ich wünschte nur, dass der Nebel verschwinden würde, um bessere Sicht zu haben. Ich hatte bei der Fahrt oft schon Zustände, denn man sah den Brückenanfang aber die Mitte verschwand im Nichts, ein sehr seltsames Gefühl, dann in das Unbekannte rein zu fahren. Auch fand ich es zu komisch, selbst in Tunneln oft den Scheibenwischer gebrauchen zu müssen, da es einfach durch die Wände plätscherte. Diese waren eh oft gewöhnungsbedürftig, da sie meist nur grob aus dem Stein gehauen und zum Teil kaum beleuchtet waren, und mir so eng vorkamen, dass dort nie im Leben zwei Autos aneinander vorbei passen könnten. Manchmal waren sie so lang, dass man glatt die Orientierung verlor und nicht sagen konnte wie lange man schon in ihnen fuhr. Ich kam mir stellenweise vor wie auf einem anderen Planeten. Sehr, sehr unwirklich, aber auch faszinierend zugleich. Die Straßen gaben das gleiche Bild ab, gerade was die Nebenstraßen anging. Hier musste man wirklich starke Nerven haben. Sie waren zwar von der Aussicht her fantastisch, aber schmal und kurvenreich. Sie waren oft auch einfach nur einspurig, mit Ausbuchtungen, um einander passieren zu können. Bei den Einheimischen hieß das aber noch lange nicht, dass sie in irgendeiner Weise den Fuß vom Gas nahmen. Immer nach dem Motto „passt schon“. Dass ich nicht am Grund des Meeres mit meinem Auto landete und mit mir die Fische fütterte, grenzt an ein Wunder. Am zweiten Tag auf den Lofoten gab es für mich außer Nebel auch nicht viel zu entdecken. Abends stand ich dann an einem fast verlockenden Südseestrand mit wundervollem türkisen Wasser, nur die Temperatur lud nicht gerade zum Planschen ein. Zudem entdeckte ich zu meinem persönlichen Entsetzen ganz viele

Quallen in allen möglichen Farben, die mir vorkamen, als wären sie zuweilen einen Meter groß. Es schüttelte mich, schütteln tat leider auch mein Flint, und zwar eine dieser Quallen die am Strand lagen. Das ist für mich wirklich gruselig, dagegen sind für mich Spinnen Kuscheltierchen. Nachts, wie auch am nächsten Morgen, begrüßte mich der Tag mit Regen. Doch dann sollte der Tag doch noch mit zu einem der schönsten der Tour werden, aber dies ließ das Wetter am Morgen natürlich noch nicht vermuten. Auf dem Wege hinunter zum Südzipfel der Insel kommt man durch Borg. Dies ist eine alte Siedlung der Wikinger. Ein altes Gebäude wurde liebevoll restauriert. Darin kann man alle möglichen Funde oder Repliken von Altertümern bewundern. Alles ist bis ins kleinste Detail nachkonstruiert und man fühlt sich sofort in die alte Zeit zurück versetzt. Dazu trägt auch bei, dass man alles anfassen darf. Man wird sogar dazu aufgefordert sich gerne auch an den Webstuhl zu setzten und das Werk weiter zu führen. Unten am Fjord liegt dann noch ein altes Wikingerschiff, was natürlich mein Herz als Bootsbauer besonders erfreute. Ich schaute es mir aber nur an, auch wenn man damit hätte eine Runde drehen können. Dies war jedenfalls ein Museum nach meinem Geschmack, denn sonst neige ich nicht dazu in Museen zu gehen. Was aber, als ich dort so entlang schlenderte, ganz unverhofft passierte war, dass die Sonne sich aus den Wolken kämpfte und es strahlend schön wurde. Ich musste ganz schnell zu meinem Auto zurück, da ich nun natürlich ein wenig was von der Insel sehen wollte. Alle paar Meter blieb ich nun stehen und fotografierte wie eine Kaputte. So dröselte ich vor mich hin und stand plötzlich in Å. Das letzte Dorf ganz im Süden der Insel.

Einfach Å, kurz und bündig, da hatte man aber mal am Namen gespart. Am Ende dieses Dorfes findet man einen Parkplatz und von dort geht es nur noch ein Stück zu Fuß bis man ins Meer plumpst. Genau an diesem letzten Streifen Grün, darf man sogar noch sein Zelt aufbauen. Ich fand eine kleine Stelle die trocken war, mit einem Gebüsch an dem ich meine Hunde festbinden konnte. Vor mir war ein kleiner Tümpel in dem sich das Licht spiegelte und neben mir erhob sich fast riesenhaft ein Berg aus dem Meer. Ich saß mit meinem Kaffee vor meinem Zelt in der Sonne und schaute in die Ferne.

Der Blick in die Ferne

Ich hatte einen Blick aufs offene Meer hinaus, mit nur ein paar kleinen unbegehbaren Inseln in Sichtweite. Im Tümpel sprangen ein paar kleine Fische, absolute Stille und Frieden. Konnte es je besser sein? Die Welt stand still. Ich wünschte mir es wäre möglich, dann hätte ich den Moment für immer festhalten können. Oder aber gut so, denn sie sind so einmalig weil sie eben nicht so oft vorkommen, beziehungsweise lange anhalten.

Momente...

Am Morgen weckte mich wieder strahlender Sonnenschein. Was war denn da passiert? So sammelte ich meine Plünnen ein und wollte zumindest auf den benachbarten Hügel kraxeln, um ein wenig Bewegung zu haben. Dies war auf den Inseln durch die Beschaffenheit der Umgebung nicht so einfach. Auch hier hatte ich meine liebe Not, da es ausschließlich steil bergauf und bergab ging. Selbst im Stehen zog es mir die Beine im Morast weg, mit drei verrückten Hunde ein fast aussichtsloses Unterfangen. Trotz allem hatten wir natürlich unseren Spaß. Um aber noch ein wenig mehr von der Insel zu sehen und die Sonne auszunutzen, habe ich mich dann in die Spur in Richtung Nusfjord gemacht.

Ein altes Fischerdorf, wo die Hütten noch traditionell am Ufer auf Stelzen stehen. Ein schöner Anblick, wie sie dort am Ufer stehen und das Rot der Hütten sich im Wasser spiegelt. Einfach traumhaft.

Damit mir aber die Sonne nicht zu sehr das Gesicht verbrennt, begrüßte mich der neue Tag nach Öffnen der Zelttüre mit undurchsichtigem Nebel. Man konnte die Hand nicht vor den Augen sehen. So vergingen die nächsten Tage wie im Fluge. Das einzig Witzige was es noch zu berichten gab war, dass Jack raus fand, wie man sich in Windeseile liften lassen kann und das im wahrsten Sinne des Wortes. Er hielt dafür die Schnauze in den Wind wenn ich Auto fuhr und, voila', flatterten ihm die Gesichtszüge nach hinten. So fand ich mich irgendwann wieder am Polarkreis ein, nur wollte ich diesmal ein paar Tage länger bleiben, um die Gegend zu erkunden.

Am Polarkreis

Ich hatte eh mehr Zeit als gedacht, denn ich war mit der Tour weiter vorangekommen, als ich eigentlich geplant hatte. Eigentlich hatte ich vor, erst viel später hier zu sein, aber durchs Wetter trieb es mich oft recht schnell weiter. Die Tage unternahm ich ein paar kurze Wanderungen in der Umgebung und genoss einfach die Wirkung, die der Ort auf mich ausübte. Des Abends saß ich dann immer dick eingemummelt in meinem Campingstuhl und schaute einfach in die Ferne. Meine Hunde waren die Tage noch zusätzlich gesättigt, da auf den Wegen, die wir gingen, lauter Fetzen von Rentierfell und -fleisch lagen. Es waren lauter kleine Stücke, so als wären hier mehrere Rentiere auf weiter Strecke quasi explodiert. Ein wenig gruselig, aber meine Hunde freute es natürlich.

Einen Abend amüsierte ich mich noch köstlich über eine wirklich süße Familie, sie kamen und fragten ob sie denn die Hunde mal berühren dürften. Man würde diese Tiere ja immer nur im Fernsehen sehen. Aber wie sie die Hunde dann berührten, ganz vorsichtig, als wären sie aus Porzellan..., und sie bedankten sich unendlich dafür. Das war einfach süß, anders kann man es gar nicht beschreiben. Des nächtens versuchte ich mich dann in Schwimmübungen in meinem Zelt. In dieser einen Nacht goss es so sehr und ich hatte mein Zelt auf einem leichten Abhang aufgebaut, dass das Wasser quasi durch mein Zelt einmal hindurch floss. Was soll ich da noch sagen? So langsam war das zum aus der Haut fahren. Die Tage verflogen und ich zog weiter in Richtung Jontunheimen. Dort zog es mich mal wieder auf Grund der Gletscher hin. Wen überrascht es?! Die Tage vergingen recht unspektakulär mit ein und demselben Geräusch. Tröpfel, tröpfel, tröpfel..., irgendwie war diese Reise ein wenig verhext. Auch war mir bisher noch nie irgendwas von der Ausrüstung kaputt gegangen. Diesmal löste sich aber so etliches in seine Bestandteile auf. Es war zum verrückt werden, selbst mein Handy beschloss, wohl nach so viel Feuchtigkeit, dann doch seinen Dienst zu quittieren. Da kann Frau zur Beruhigung nur noch Schokolade in sich rein stopfen! Ich beschloss dann die Strecke von der E6 aus, über Otta rüber nach Lom zu fahren um von dort die 55 zu nehmen, die quer durch Jotunheimen führt. Eine absolut fantastische Straße. Man sieht immer wieder Gletscher in der Ferne. Abends suchte ich mir dann ein heimeliges Plätzchen mit Blick auf die umliegenden Berge und ihre Gletscher. Ich lag hier schon bei 1600 Metern. Die Gegend war spröde und unwirklich. Umso rauer, umso mehr sprach es mich aber an. Ich hoffte die Tage auf ein wenig besseres Wetter, um bessere Sicht zu haben.

Am nächsten Tag steht zuallererst in meinem Tagebuch, dass ich mir die Nacht dezent den Hintern abgefroren hätte, und nachdem ich mich auf diesen auch noch tagsüber unfreiwilliger weise gesetzt hatte, wäre dieser nun auch noch bunt. So kann es gehen. Im strömenden Regen, in Regenpelle gehüllt, machte ich mich dann auf den Weg zum ersten Gletscher, was für eine Freude. Sharon, meine alte Hündin, schaute mich verständnislos an, ich konnte sie so gut verstehen. Auch wenn sie, wenn wir einmal unterwegs sind, auf dem Trail meist die Taffeste ist. Auch wenn der Wildwasserbach noch so tief ist, sie geht voraus, wo die Jungs, gerade Jack, schon mal versuchen den Rückwärtsgang einzuschalten. Flint benahm sich die meiste Zeit, als wäre er ein wenig im Disneyland für Hunde, oder irgendeinem vergleichbaren Trip. Er ist am herum hüpfen, springt kreuz und quer und hat, die gesamte Reise über, seine Löffel auf Durchzug gestellt. Da fällt mir echt nichts mehr zu ein. Manchmal machte es mich aber auch verrückt, denn obwohl alle Hunde ja durch einen Bauchgurt mit mir verbunden waren, suchte sich jeder seinen eigenen Weg über die Steine, jeder sprang in eine andere Richtung und ich fiel hinterher. Gerade auf den ja immer feuchten, mit Moos überzogenen Steinen, hatte ich da nicht wirklich die Kontrolle über das Ganze. Aber ich erreichte rutschenderweise den Gletscher Fannaråkbreen und war sehr froh, ihn erreicht zu haben.

Im Hintergrund der Fannaråkbreen

Es klarte sogar leicht auf, so dass ich die Landschaft mehr genießen konnte. Morgen wollte ich dann zum Smørstabbreen. Was mich allerdings erwartete waren mal wieder Kühe und Schafe, die es hier immer wieder irgendwie zuhauf gab. Dies nervte mich, denn dort konnte ich unmöglich mitten durch die

Herde mit allen drei Hunden gehen. Zudem fand ich es immer ein wenig unlogisch: Man macht einen Riesenaufriss dass man sich möglichst auf Wegen halten solle, keinen Stein bewegen, keine Pflanzen umknicken und zertrampeln sollte, da sie Jahre bräuchten, um wieder zu wachsen..., aber dann liefen überall, aber wirklich überall, diese Schafe rum und hier auch noch die Kühe. Die Kühe hatten den Boden hier so sehr zertrampelt, dass eh nichts mehr wachsen würde. Sicher war das nicht überall so, trotzdem fand ich es manchmal irgendwie unlogisch. Gerade hier in einem Nationalpark. Schweren Herzens ließ ich Sharon und Flint im Auto zurück, wobei gerade Sharon wohl eher dankbar dafür war. Mit Jack machte ich dann Spießrutenlauf mitten durch die Kuhherde. Eine Sache, wo ich nicht auf Wiederholung bestehe. Mit nur einem Hund kam ich dann auch recht schnell am Gletscher an, aber durch meine anderen Zurückgebliebenen trieb es mich recht schnell wieder zurück. Mit ihnen ging ich danach noch ein Stück und fuhr dann zurück nach Lom, um auf die Straße 51 zu gelangen. Sie führt ebenfalls quer durch Jotunheimen runter zur Hardangervidda. Dies ist die größte Hochebene und gleichzeitig auch der größte Nationalpark Europas. Sie hat eine Fläche von zirka 8.000 km². Durch sie führen keine Straßen, und somit ist sie weitestgehend von menschlichen Einflüssen geschützt. Sie wurde in der Eiszeit durch Gletscher ziemlich abgeschliffen, was ihr diesen speziellen Charakter gibt. Weite Ebenen mit flachen Seen und sanft ansteigenden Gipfeln, nur vereinzelt gibt es schroffere Abschnitte. Abends im Zelt telefonierte ich mit meinem Vater. Er erzählte mir, dass ein Tiefdruckgebiet über Norwegen zieht. Das ist ja mal was Neues. Die Nacht schiffte es wie immer, war ja auch mal wieder Zeit, die Natur war fast ausgetrocknet. Mein Auto, Hunde und ich stanken durch die dauernde Nässe langsam wirklich erbärmlich. Ich schwor mir, dass ich das nächste Mal im Winter wiederkommen würde, da käme das Zeug dann wenigstens gefroren runter. Eigentlich wollte ich zum Hardangerjøkulen, einem weiteren wunderschönen Gletscher. Dies klemmte ich mir dank des Regens aber, und beschloss bis nach Røldal zu fahren und dort nochmal eine Abschlusswanderung von 3-4 Tagen zu machen. Da es nun schon feststand, dass ich früher nach Hause käme als ich es geplant hatte, wollte ich aber wenigstens einen ordentlichen Abschluss, um nicht in gewisser Weise doch ein wenig Frust zu schieben..., war alles ja ein wenig anders gelaufen als gedacht. Allerdings wollte ich auch die Sachen schätzen, die ich schließlich erlebt hatte und nicht auf Gedeih und Verderb unbedingt eine bestimmte Zeit herumkriegen. Wie war nochmal der Spruch von John Lennon: *„Leben ist das, was passiert, während du eifrig dabei bist, andere Pläne zu machen."*. Ja so läuft es wohl. Auf dem Weg landete ich allerdings in Odda und fand durch einen puren Zufall heraus, dass es dort einen wunderschönen Gletscher gibt. Wen wundert es nun, dass ich dort natürlich unbedingt hin musste. Zuerst besuchte ich aber noch den doch recht imposanten Wasserfall Vøringfoss und wanderte dort ein wenig durch die Gegend.

Tags darauf ging es dann aber zu dem Gletscher und das, wer hätte es erwartet, in strahlendem Sonnenschein. Mein Tagebuch-Eintrag lautet: krass, krass, krass. Und das sollte es wirklich nur grob beschreiben. Der Preis war, ich sollte mich wohl für zwei Tage nach der Tour nicht mehr bewegen können. Aber dies war es wert. Los ging der Anstieg von Buer und selbst von dort aus war der Gletscher schon zu sehen. Aber man sah auch schon den gefühlt senkrechten Anstieg, wie auch immer ich da mit drei Hunden hoch kommen sollte.

Der Folgefonna

Aber was soll's, Rucksack rauf und ab ging es. Der erste Akt war allerdings bei einem Bauern an drei Rindern vorbei zu kommen, und dann auch noch mit drei wild herumspringenden Hunden den Elektrozaun zu öffnen und zu schließen. Erstaunlicherweise schaffte ich das, ohne dass wir alle einen Stromschlag bekamen. Danach ging es noch ein Stück durch Schafweide, nach dem ich mich dann endlich, schon vollkommen fertig, an den Anstieg machen konnte. Das erste Stück ging noch durch bewaldetes Gebiet, so dass ich nicht viel sehen konnte. Dann aber war ich auf der baumlosen Höhe angekommen und man hatte immer wieder einen grandiosen Blick auf den Gletscher. Das Spezielle an diesem Gletscher ist, das dieser nicht ein Überrest aus der Eiszeit ist, sondern ein viel jüngerer, der sich in einer kalten Periode vor zirka 2500 Jahren durch Niederschläge bildete. Er zog mich magisch an, da sein Eis unwiderstehlich blau leuchtete. Doch vor mir tauchten nur noch riesige Felsen und ganze Felswände auf. Wie sollte ich da nur hinaufkommen? Zuweilen hatte man an den Felswände Seile befestigt, damit man sich daran hinauf ziehen konnte. Meine Hoffnung dort hinaufzukommen, war nicht die größte. Doch mein Wille und meine Hunde sollten mich ungeahnte Kräfte entwickeln lassen. So erkletterte ich die Felswände. In einer Hand hielt ich das Tau, mit der anderen meine drei Hunde. Sie waren unglaublich mutig und sprangen immer wieder Stück für Stück hinauf, krallten sich mit ihren Pfoten in die kleinsten Spalten. Zuweilen schob ich den einen von unten nach und zog die anderen hinterher. Dies alles mit einer Hand am Tau hängend. Wie auch immer ich diese Kraft entwickelte mich festzuhalten, wenn sie wegrutschten sicherte ich sie ab und stemmte mich selbst mit aller Kraft in den Felsen. Der Anstieg war zum Glück in kleinere Etappen eingeteilt, sonst hätten wir keine Chance gehabt. So waren die Passagen immer nach wenigen Metern bewältigt. Wir arbeiteten als echtes Team. Das größte Hindernis sollte dann aber 100 Meter vor dem Ziel auf uns warten. Dort gab es nur noch eine schräge Metallleiter, wo zu allem Überfluss auch noch die letzten Sprossen fehlten. Aber so kurz vor dem Ziel gab es jetzt nichts mehr was mich hindern konnte, auch da noch mit allen Hunden hochzukommen. Sharon kraxelte ziemlich gut alleine dort hinauf, wie auch immer sie dies schaffen konnte. Nur den Jungs musste ich helfen, indem ich sie am Geschirr packte und einfach mit hoch zog. Sie ließen es sich erstaunlich gut gefallen, und irgendwie schaffte ich es, sie dort hochzuziehen. Ich muss dazu sagen, meine Jungs wiegen zwischen 25-27 kg. Also nicht gerade Fliegengewichte. Doch war ich oben, eröffnete sich ein wundervoller Gletscher vor mir, der in der Sonne leuchtete. Ich konnte mich nicht satt sehen. Wir saßen da und schauten dem Farbenspiel der Sonne auf dem blauen Eis zu. Jede Minute veränderte sich das Bild vor uns. Ich war unglaublich glücklich.

Oben und glücklich

Ein wenig mulmig war mir nur vor dem bevorstehenden Abstieg, denn was man hochging, dass muss man auch wieder runtergehen. Die Leiter habe ich runter allerdings mit den Hunden einzeln gemacht, so erst Sharon, dann Jack, der schon ein wenig Nachdruck brauchte, und dann Flint. Der hatte allerdings bei dem Stück wirklich Angst. So musste ich das Riesentier auf den Arm nehmen. Das Problem war aber, dass ja die letzten Stufen an der Leiter fehlten. So setzte ich mich auf den

Hosenboden und rutschte mit Flint im Arm hinunter bis meine Füße wieder die ersten Sprossen berührten. Sehr unangenehm. Auf dem Arm hielt er allerdings zum Glück still. Dann ging es ans Abseilen, ich war wirklich aufgeregt. Inzwischen kamen mir Leute entgegen, die mich ansahen als würden sie ein Gespenst sehen. Sie konnten nicht glauben wie ich dort überhaupt mit den Hunden hoch gekommen war. Alle fragten und fotografierten. Erstaunlicherweise ging's runter aber gar nicht so schlecht. Die Hunde waren sehr entspannt und ließen sich gut dirigieren. Nun erwiesen sich die Taue erst recht als sehr hilfreich, denn so seilte ich mich an diesen einfach ab. Dabei hingen die Hunde in ihren Geschirren an meinem Bauch fest gesichert. Es klappte als wenn wir das schon hundertmal gemacht hätten. Die Leute beobachteten uns staunend, gaben doch manche von ihnen hier an diesen Wänden auf und drehten um. Unten angekommen hätte ich allerdings jemanden gebraucht der mich füttert, konnte ich kaum mehr einen Arm heben. Größtes Glück hatte ich diesmal wirklich mit dem Wetter gehabt, denn bei feuchten Felswänden hätte ich keine Chance gehabt. So fiel ich abends einfach mit größten Hochgefühlen direkt vor Ort nur noch in mein Auto. Die Rache folgte am Morgen mit einem unglaublichen Muskelkater. Zudem schüttelte es das Auto, da es stürmte und regnete als gäbe es kein Morgen. Ich versuchte meine Glieder irgendwie aus dem Schlafsack zu bekommen, dank meines Muskelkaters kein leichtes Unterfangen, und zum anderen lockte das Wetter ja nicht gerade. Gut dass ich die letzte Nacht gleich im Auto geschlafen hatte. Nachdem ich mich sortiert hatte, überlegte ich nun, was ich tun sollte. So war nicht wirklich an eine Dreitagestour zu denken. Ich hatte das Gefühl, dass ich in meinem Leben noch nie so viel Regen gesehen hatte, wie es jetzt auf einmal runter kam. Irgendwie war es verhext. Ich überlegte: Sollte ich in Betracht ziehen, dass ich, trotz allem, wirklich schöne Touren gemachte hatte nun einen Strich ziehen und nach Hause fahren? Oder sollte ich noch zwei Tage im Auto sitzen und auf besseres Wetter hoffen? Ich lachte, hatte ich doch gerade kurz vor Antritt der Reise zum Geburtstag eine Regenjacke geschenkt bekommen. Mann, die hatte ich geschleppt. Ich fuhr ein wenig umher, doch musste ich zuweilen anhalten, da man durch den Regen schon nichts mehr sah. Ich sinnierte: Fuhr ich auf diesem Trip der Wolke hinterher oder verfolgte mich die Wolke? Ich war unschlüssig und rief nochmals zuhause an, und erkundigte mich bei meinem Dad, wie das Wetter die nächsten Tage voraussichtlich sein sollte. Zur großen allgemeinen Überraschung sollte es regnen. Wer wäre jetzt darauf gekommen?! So entschied ich mich einen Strich zu ziehen und trat die Heimreise an. Hatte ich doch gerade mit dem letzten Gletscher eine wunderbare Abschlusstour gemacht. So fuhr ich nach Haukeligrend und von dort aus die E9 hinunter nach Kristiansand. Ich sollte nach der Passüberfahrt nochmals in Hovden im Zentrum vor der Touristeninformation kurz Pause machen. Hätte ich damals gewusst, dass ich später dort leben sollte..., wie verrückt. Hätte ich gewusst, dass mein zukünftiger Ehemann genau in eben diesem Sommer, in genau dieser Touristeninformation stand..., hätte ich dann doch schon mal reingeschaut!? Aber da wusste ich eben noch nichts und fuhr weiter, runter bis an den Kai nach Kristiansand. Dort stand ich über Nacht und wartete auf meine Fähre nach Hirtshals, Dänemark. Als ich dann am nächsten Morgen am Heck des Schiffes stand und wehmütig sah wie es ablegte und sich Norwegen immer weiter von mir entfernte, wäre ich fast wieder umgedreht. Das Ende einer Reise fällt mir immer wieder unendlich schwer.

Der Wahnsinn sollte mich auch noch vor zuhause wieder einholen. 50 Kilometer vor Flensburg wollte ich die letzte Nacht verbringen. Als ich dann abends mal wieder so in meinem Auto lag, klopfte ein junger Mann an mein Fenster und suchte eine Mitfahrgelegenheit. Zum einen hätte ich eh nie einen Fremden mitgenommen, zum anderen merkte ich schnell, dass er sich noch mit weiteren anderen Stimmen unterhielt und auch so ziemlich dicht war. Er ließ mich aber leider nicht in Ruhe und legte sich dann auf die Bank neben mein Auto, um bis zum Morgen zu warten. Er wackelte bedenklich und fing dazu auch noch an, in seinem Schlafsack zu rauchen, wobei er aber immer wieder das Bewusstsein verlor. Mir war das nicht ganz geheuer, so dass ich, als er fest eingeschlafen war, weiter bis zum nächsten Parkplatz fuhr. Dort rief ich die Polizei an, damit der junge Mann sich dann nicht doch noch ernsthaft selbst verletzt. Der Polizist war zwar besorgt ob mir was passiert sei, aber als ich dies verneinte, war es wohl nicht mehr so wichtig. Er sagte zwar er verbindet mich mit den Zuständigen vor Ort, damit ich denen alles nochmal schildern kann und jemand dem Mann hilft, dort ging dann aber keiner ans Telefon. So war ich schneller wieder in der Wirklichkeit als es mir lieb war.

Als ich dann zuhause ankam dauerte es nur wenige Minuten und alle Hunde lagen wieder an ihren Schlafplätzen, und es sah aus als wäre ich nie weg gewesen. Ich frühstückte auf der Veranda und schaute aus dem Trockenen dem Regen zu, wie er auf das Verandadach fiel und sich von dort seinen Weg nach unten in die Wiese suchte. Ja, auch hier regnete es, und ich musste mir anhören, dass es ja okay sei, sich Souvenirs aus dem Urlaub mitzubringen, aber Regen?! Ich schaute mir meine über 1000 Fotos an. So schlimm war doch alles gar nicht gewesen. Im Nachhinein ist es gar nicht mehr so anstrengend gewesen, gar nicht mehr so nass. Die Bilder geben eine trügerische Wahrheit wieder: Sieht man auf ihnen nur Sonnenschein oder maximal Wolken…, aber wer fotografiert schon im strömenden Regen.

Die Tage saß ich nun da und war niedergeschlagen. Ich saß da, und diesmal regnete es zwar nicht in meinen Kaffee, aber dafür heulte ich in meinen Kaffee! Mein Dad versuchte mich aufzumuntern, indem er mir die Wetterberichte zeigte, dass es auch an sämtlichen darauffolgenden Tagen regne und meine Entscheidung damit richtig war. Glücklich machte mich dies aber trotzdem nicht. Was sollte ich also tun? Einen Job hatte ich auf die Schnelle erst mal nicht. Ein wenig Geld war noch da, aber war es vernünftig? Sollte ich die letzten Groschen ausgeben? Ja ich sollte und meine Eltern standen hinter mir und bestärkten mich zu meinem Entschluss. Ich würde im Winter nochmal hoch fahren, im Winter wo der Regen zumindest gefroren sein würde. Ich würde meinen Schlitten mitnehmen, meinen dicken Schlafsack und mein bis dahin auch wieder trockenes Zelt. Vorerst war ich 4 ½ Monate zuhause und sollte beim Gassi gehen eine sehr merkwürdige Begegnung haben.

Ich war mit meinen drei Hunden bei uns im Wald spazieren, da sprach mich eine Frau mit ihrem Mann an. Ich kannte sie nicht, aber sie erzählte gleich ohne Punkt und Komma, dass sie ja einen Freund hätte, der wohnt in Norwegen und hätte auch mal einen Husky gehabt, den müsse ich doch unbedingt kennen lernen.

Wir würden ja super zusammenpassen! Was genau dachte sie sich, weder kannte sie mich, noch in irgendeiner Weise meinen Stand oder Sonstiges. Dies interessierte sie aber nicht im Geringsten und sie erzählte fröhlich weiter. Ich dachte ein wenig, sie sei verrückt. Aber sie ließ nicht locker. Ich ging meines Weges und sie arbeitete weiter an ihrem Plan. Sie bohrte dann nämlich auch auf der anderen Seite, bei ihrem Freund in Norwegen, nach. Sie wollte mir doch seine Telefonnummer geben. Jan gab ihr die Erlaubnis dafür, und schwups..., stand sie vor meiner Tür. Sie hatte zudem auf dem Zettel aber auch eine Kontaktinformation, für einen eventuellen Job für mich, was natürlich ausgesprochen nett von ihr war, denn schließlich kannte ich sie nicht. Bei dem Jobangebot meldete ich mich schnell, bei Jan zugegebenermaßen erst eine Woche später. Und zwar durch eine Email.
Die damit begann: *„Hei hier ist die irre Blonde aus Karolinenhof".* Was soll ich sagen, immer geradeaus. Jan wiederum brauchte dann auch eine Woche um als: *„der Verrückte aus Hovden"* zu antworten. Hey, Hovden, das kannte ich doch schon, da war ich schon mal durchgefahren, wie verrückt. Es kam was kommen musste, wir texteten uns gnadenlos gegenseitig zu. Bis es zu anstrengend wurde und wir auf das Telefon umstiegen und tägliche, zuweilen stundenlange Gespräche folgten. Sollte diese Frau recht behalten?! So vergingen die Monate und es war Ende Januar, es sollte wieder auf Tour gehen. Ich wollte hoch nach Ljungdalen, Schweden. Dort sollte es schöne Tourmöglichkeiten geben, denn dort verbringen viele Musher ihren Urlaub. Ljungdalen liegt grob in der Höhe von Östersund. Auf der Rücktour wollte ich dann bei Jan in Hovden anhalten, und diesmal nicht nur für eine kurze Pause, sondern auch für ein paar Tage bleiben.

Winter in Schweden und Norwegen

Am 23. Januar brach ich vollgepackt wieder auf. Da der Termin selbst erst kurz zuvor feststand, brach ich entsprechend chaotisch auf. Ich hatte irgendwie alles in das Auto gestopft, zwei Tage vorher gerade mal geschaut ob überhaupt die Fähren fahren und dann ging´s los, wie immer zu einer frühen Zeit, die man dem Wecker verbieten sollte. So kam ich im komaähnlichen Zustand auf der Fähre an und realisierte alles erst bei meinem ersten Kaffee auf dem Schiff. Ich war schon wieder unterwegs, nun kam die Freude auf, aber auch ein ungewisses Kribbeln, wie ich die Kälte wieder wegstecken würde. Auch wie es meine Hunde vertragen würden, waren sie doch ein wenig verwöhnt von zuhause. Doch stellte sich erst mal ein gewisses Dauergrinsen auf meinem Gesicht ein. Runter von der Fähre war ich auch schnell wieder durch Dänemark und damit schon in Schweden. Die erste Nacht stand an, die aber mit -10°C doch gut zu ertragen war.

Da war morgens aus dem warmen Schlafsack zu krauchen, schon eine ganz andere Sache. Doch konnte ich es kaum abwarten, endlich wieder richtiges Weiß zu sehen und brach schnell auf. Nicht ohne vorher allerdings mühsam Schnee auf dem Spirituskocher zu schmelzen, um für mich und die Hunde Wasser zu haben. Dies ist eine ziemlich zeitraubende Aktivität, die im Sommer natürlich schnell erledigt war. Hier im Winter gab es neue Herausforderungen, aber daran wächst man ja bekanntlich. Nach ein paar Stunden waren wir auch schon im vollkommenen Weiß, war das schön. So weit das Auge sehen konnte war alles unter einer dicken Schneedecke begraben. Wie sah nun die Strecke anders aus, kannte ich sie ja eigentlich schon vom Sommer. Abends wurde es sehr früh dunkel, so dass ich langsam durch die weißen Wälder fuhr, die nun irgendwie was unwirkliches, fast beängstigendes hatten. Die Nacht ließ mich mit -20°C einen Vorgeschmack kriegen auf das, was noch folgen sollte. Am darauffolgenden Tag schaffte ich es dann zu meinem Ziel Ljungdalen. Hier war wirklich Winter, schon die Strecke über den Pass hierher war ein Erlebnis gewesen. Es sah aus, als wäre man auf einem entlegenen Eisplaneten gelandet. Doch die trockenen schneebedeckten Straßen ließen sich ohne Probleme befahren. Selbst die Trucks fuhren zu meinem Unwohlsein nach wie vor in vollem Speed die Straßen entlang. Wobei viele von ihnen im Winter eh mit Spikes an den Reifen fahren. Sie sorgten bei mir trotzdem immer wieder für Herzstillstand. Meine Leiche für diesen Trip hatte sich auch schon eingestellt, allerdings zum Glück nur in Form eines Elches, auch wenn es natürlich um den Elch ebenfalls schade war. Die Nacht war wieder kalt, so dass ich zu tun hatte, Flint warm zu halten. Der arme fror ganz erbärmlich. Jack versuchte dafür, sich Wärme zu ergattern, indem er sich ganz fest an meinen Schlafsack rollte. Sharon nahm das Ganze unverändert mit Gleichmut, rollte sich ein, Rute über die Nase, alles gut. Sie faszinierte mich immer wieder. Doch am Morgen sollte es dann losgehen. Genau gesagt von Kläppen, dies liegt nochmal sechs Kilometer von Ljungdalen entfernt. Aber von dort kann man auf mehrere Trails gelangen. So hieß es Schlitten vom Dach und alles in dem Schlitten verstauen. Was schon mal zu einer Herausforderung wurde, denn ich besaß nur einen kleinen Sprintschlitten, der gerade für kleine Teams ideal war. Nun musste aber gerade für den Winter recht großes Gepäck in diesem verstaut werden. Dafür gibt es eigentlich Tourenschlitten, die, wie der Name schon sagt, für Touren ausgelegt sind. Aber irgendwie verstaute ich alles. Ich hatte ja auch nicht vor für ganze

Wochen in den Bergen unterwegs zu sein, so hielt es sich in Grenzen. Schwieriger wurden da schon, mit nur drei Hunden vor dem Schlitten, die Anstiege hoch zu den Bergen. Aber gerade als ich hier schon mal den ersten Anstieg geschafft hatte öffnete sich vor mir ein wundervolles, weites, schneebedecktes Hochplateau.

Durchatmen

Ich hatte grenzenlosen Blick auf all die umliegenden Berge. So genossen wir die Weite und kämpften uns die beschwerlichen Anstiege hoch, um natürlich die Abfahrten umso mehr zu genießen. Die Pause in der Mittagssonne tat gut. So saß ich da und kochte mir mein Süppchen. Meinen Schlitten hatte ich noch zusätzlich an einem winzigen Bäumchen gesichert. Was sich als weise herausstellte, denn als ich so in der Einsamkeit saß, kam aus dem Nichts ein Achtergespann an mir vorbei gefahren. Ich war etwas überrascht. So vergingen der Tag und die nächste Nacht.

Mein Tagebucheintrag sollte lauten: *„So, ich habe mir offiziell heute Nacht den Arsch abgefroren.".* Doch wusste ich jetzt, nach der Strecke gestern, dass ich mit recht kurzen Strecken rechnen musste, war ich doch mit meinem kleinen Gespann nicht wirklich schnell unterwegs. Dennoch war es himmlisch. Zudem fing es an zu schneien. Also doch gefrorener Regen, wie sollte es anders sein. Trotz allem natürlich besser zu ertragen. Nur erschwerte der nun losere Schnee das Vorankommen nochmals erheblich. Aber wir waren ja nicht hier um Strecke zu machen, ich wollte einfach mit meinen Hunden draußen sein. So hatte ich auch nicht groß Pläne gemacht, wo ich genau hin wollte..., einfach schauen. Heute musste ich mich zudem über meine Fellnasen ziemlich wundern.

Echter Winter

Sie waren diese Art von Winter ja nicht gewohnt, und als wir starteten zeigten sie nicht gerade die größte Lust. Oben im Hochplateau zog es dann aber kräftig und schneite, so dass ich kaum was erkennen konnte. Ich musste alles anziehen was mir zur Verfügung stand, gerade in Bezug auf mein Gesicht. So war ich eingepackt und konnte dem Wind und Schnee trotzen. Überall bauten sich große Schneewehen auf und was taten meine Hunde? Sie entwickelten Spaß an der Sache und liefen hoch motiviert durch das Schneegestöber und zogen wie noch nie. Ich war absolut beeindruckt von ihnen. Da es aber natürlich trotz allem recht ungemütlich war, suchten wir später eine Schutzhütte auf. Diese war zwar nicht beheizbar aber doch recht gemütlich. So breiteten wir uns aus. Am darauffolgenden Tag war alles von einer dicken tiefen Neuschneedecke überzogen, durch die wir uns nun wühlten. Sehr anstrengend aber auch ein Erlebnis. So ausgepowert entschloss ich mich dann aber nach einer Unterkunft für mich und meine Hunde zu suchen, waren wir nun schon eine ganze Weile in der Kälte unterwegs. So fuhr ich runter nach Ljungdalen und fragte mich durch. Schließlich rief man mir einen Mann, dem die Jugendherberge im Ort gehörte. Nun im Winter war ja keiner hier, so stand sie leer. Er gab mir den Schlüssel für das ganze Haus und bat mich nur, doch morgen nach der Müllabfuhr die Mülltonnen wieder reinzustellen. Zudem sollte ich doch einfach, wenn ich gehe, den Schlüssel bei dem Restaurant im Dorf abgeben und einfach dort bezahlen. Das waren nordische Einfachheit und Vertrauen, was wir in Deutschland gar nicht mehr kennen. Nun saß ich hier in dem riesigen Haus, warm und trocken und schaute dem Flockenspiel vor dem Fenster zu. Meine Hunde lagen um mich verteilt auf ihren Decken am Boden und schliefen den Schlaf der Gerechten.

Für sie war es pure Erholung, waren sie dies doch nicht gewöhnt, die Kälte und das bergauf und -ab hatten wir in der Umgebung von Berlin natürlich nicht. Gerade meiner alten Hündin, damals zwölf Jahre alt, sollte die Wärme natürlich gut tun, wollte ich ja auch die Tage noch schöne Touren machen. In meinen Gedanken sollte dies eh die letzte lange Tour für Sharon werden. Sie könne danach quasi ihr Altenteil auf die Heizung legen, so dachte ich zumindest. Wie sollte ich mich irren! Heute ist sie 14 Jahre alt, nicht mehr ganz die Flotteste, aber nach wie vor läuft sie zweimal die Woche lange Touren mit mir durch Norwegens weite Einsamkeit.

Inzwischen nahm ich auch per SMS mit Jan Kontakt auf, wollte ich auf dem Rückweg ja bei ihm vorbeischneien. Nur dass ich mir nicht mehr ganz so sicher war, ob ich noch alle Tassen im Schrank hatte, hinsichtlich dessen, einfach bei einem doch unbekannten Mann mit meinen Hunden hereinzuplatzen. Ich hatte mich zudem noch nie einfach bei jemanden für ein paar Tage einquartiert und nun auch noch bei einem quasi Unbekannten. Ich hielt meine Idee für nicht mehr ganz so Klasse. Doch verabredete ich mich für in ein paar Tagen bei ihm. Inzwischen lebte ich mich hier ein, holte die Mülltonne rein, schaltete eine Sicherung wieder ein und wusste nun wie man mit Trick 17 die Haustüre abschließen konnte.
Die Nacht hatte es auch wieder nicht aufgehört zu schneien, so dass morgens alles unter einer dicken, frischen Schneeschicht begraben war. Mein eh schon weißes Auto war nicht mehr da. So wollte ich hier unten durch die Wälder fahren und mir die Unwirklichkeit der schwer behangenen Bäume anschauen. Beim Start, direkt an der Jugendherberge, nahm ich die Abbiegung zur

Straße sagen wir mal, recht sportlich, hatten sich meine Hunde schließlich gut ausgeschlafen. Ich hoffte nur, dass mich keiner gesehen hatte. Hatte natürlich doch, denn später die Tage, bei der Abgabe des Herbergsschlüssels, sprach mich das Pärchen, was das Restaurant betrieb, genau auf diesen Stunt an. War ja klar! Auf der heutigen Tour entdeckte ich dann eine neue Leidenschaft meines Rüden Jack. Sobald wir anhielten, machte er entweder einen Köpper in den Tiefschnee oder fiel einfach so um und suhlte sich mit Wonne. Damit sollte er mich in späterer Zukunft noch in den Wahnsinn treiben, denn dies tut er bis heute sobald wir anhalten.

Die Jack-Rolle

Da der Schnee heute so tief und schwer war, kamen wir nur langsam voran, aber es war unglaublich schön. Wir genossen einfach die Stille und Einsamkeit und fuhren unseres Weges.

Abends entspannten wir wieder in der Herberge und schauten dem Schneetreiben von drinnen zu. Die Tage vergingen wie im Fluge, es kam noch mehr Schnee und ich konnte einfach nicht genug davon haben. Zuweilen hingen meine Hunde bis zum Kopf im Schnee und ich musste sie herauswühlen. Aber sie hatten ihren Spaß und gerade Jack war quasi am Durchdrehen. Ich fuhr die Tage also einmal in alle Richtungen und genoss die Freiheit. Nachdem es die letzten Tage komplett schneite, verwöhnte mich der letzte Tag mit strahlendem Sonnenschein. Zuerst sah es gar nicht danach aus, und ich fuhr im grauen, windigen Wetter los. Ich hatte mir eine Strecke herausgesucht, die am Anfang immer bergauf ging, aber damit auch verhieß, dass es zurück alles wieder herunter ging. Der Wald war tief verhangen und still, bis er sich plötzlich vor mir öffnete und ich über einen See fuhr. Zum einen sind zwar Fahrten über den See immer etwas beängstigend, zum anderen hat man aber oft herrliche Aussichten von dort aus. Es kam ein wenig Wehmut auf, kannte ich die Menge von Schnee und die Art von Trails ja nur aus Kanada.

Doch hatte ich ja noch ein kleines Abenteuer in Norwegen vor mir. So schaufelte ich nachmittags mein Auto frei um den Hundeschlitten wieder auf dem Dach festbinden zu können. Abends ging ich dann zu dem Restaurant, was den beiden Ost-Berlinern gehörte, und futterte mich an einer Pizza satt. Danach redeten wir noch stundenlang über die Welt und deren Sinn. Es war echt schön. Aber irgendwann musste ich aufbrechen, sollte es morgen ja weiter nach Hovden gehen. Was sich als Plan auch sehr als gut herausstellte, da nach so vielen Tagen Training meine Hunde ein paar Tage Ruhepause im Auto gut vertragen konnten. Morgens startete ich mit dem Blick in den Rückspiegel, was hatte ich für eine schöne Zeit hier gehabt. Doch nun ging es über Funäsdalen direkt rüber nach Røros, Norwegen, um die Strecke nach Süden in Richtung Hovden zu nehmen. Damit stellte sich auch das nächste flaue Gefühl ein, was mich die nächsten zwei Tage beim Autofahren begleiten sollte. Ich war auf dem Weg zu Jan, einem mir doch eigentlich irgendwie Fremden. Er hatte mich eingeladen, aber sollte ich mich da echt einfach bei ihm für ein paar Tage einquartieren? Das war doch verrückt, sicher hatten wir uns per Mail und später dann am Telefon immer super verstanden, aber trotzdem.... Ich hätte mich ohrfeigen können. Doch hatte ich mich verabredet und wollte nun auch nicht mehr kneifen. So schlief ich noch eine Nacht im Nirgendwo bevor ich in Hovden ankam. Jan hatte mir den Weg zum Haus erklärt und extra die bunte Beleuchtung am Haus angemacht, doch als ich vor der Türe stand war ich trotzdem nicht sicher, ob ich an die richtige Türe klopfe. Doch ich tat es. Ein ziemlich aufgeregter, schüchterner Mann öffnete mir und freute sich sehr, mich zu sehen. Für ihn war ich endlich Realität geworden. Sein Gedanke war, es gibt sie wirklich, die Frau mit den Hunden und die den Schnee liebt. Ich, die quasi halb angefroren, stinkend und dreckig vor der Türe stand. Nicht der Dress wie man einen kennenlernen möchte. Ich ging schnell mit den Hunden eine Runde und dann als erstes unter die Dusche. Jan stand in der Küche und kochte, die Hunde bekamen gleich die Quarkbecher zum Auslecken. War es ein Wunder, dass meine Hunde ihn gleich von Anfang an liebten?! Sie waren im Paradies und Flint okkupierte gleich die Couch vor dem bullernden Kamin für sich. Dann gab es eine liebevoll gekochte Lauchcremesuppe, die ich mir lächelnd runter würgte, denn weder die Creme, noch der Lauch waren mein Ding. Aber ich konnte ja schlecht was sagen. Der Abend verging auf der Couch mit Gesprächen bis tief in die Nacht, so dass ich tot in das Bett plumpste. Zudem war ich fast heiser vom Reden und Lachen.

Wer war dieser Mann, der hier alleine in Norwegen lebte? Er ging mir nicht aus dem Kopf. Morgens, als ich aufstand war er schon weg auf Arbeit. Es war befremdlich dann in seiner Wohnung alleine zu sein. Ich frühstückte und machte dann mit meinen Hunden eine kleine Wanderung durch Hovden. Nachmittags war Jan zurück und wir machten noch gemeinsam mit den Hunden Hovden unsicher. Da er die darauffolgenden Tage frei hatte, wollten wir dann gemeinsam Touren unternehmen. So vergingen aber der Nachmittag und Abend erst mal wie im Fluge und ich fühlte mich immer heimischer. Wir redeten und redeten und konnten nicht aufhören. Erst spät ging es wieder ins Bett. Doch konnte ich meinen Kopf nicht ausschalten. Die Nacht überlegte ich ob ich ihn küssen sollte, was mich nicht mehr losließ. Morgens stand ich auf und ging einfach in sein Schlafzimmer und küsste ihn auf seine Stirn. Ganz einfach, ganz kurz. Er wusste wohl kaum, wie ihm geschah.

Nach dem Frühstück sind wir dann gemeinsam los, um auf Tour zu gehen. Es hatte die Nacht wieder stark geschneit, so dass von der Loipe nicht viel zu sehen war, aber durch das Präparieren mit der Pistenraupe war sie natürlich unter dem Neuschnee schön fest und hart, so dass sie super zu befahren war. Wir mussten nur auf ihr bleiben, was durchs Schneetreiben, was nach wie vor herrschte, nicht ganz so einfach war. Nachdem die Hunde ein paar Mal von ihr abgekommen waren, und ich jedes Mal unfreiwilligerweise bis zum Bauch im Schnee verschwand, konzentrierten sich die Hunde mehr und blieben auf der Loipe. Jan kam enthusiastisch auf Skiern hinter mir her. Ein doch recht lustiges Bild, aber er hielt sich tapfer. Abends gab es nun wieder das alt bekannte Bild. Sharon lag direkt vor dem Kamin und Flint auf der Couch. Wir saßen daneben und redeten uns die Münder fusselig.

Auch am darauffolgenden Tag ergab sich kein anderes Bild. Ich machte einen kleinen Sparziergang, den Weg am Haus hinauf, drehte irgendwann weiter oben um und stand einfach nur da. Man konnte von hier recht weit ins Tal sehen, ich überlegte, ob ich hier wohnen und leben könnte! War ich gerade mal drei Tage hier, hatte ich doch schon diese Gedanken. Ich schob sie wieder weg, verdrängte sie, war es doch zu verrückt. Hatte ich doch inzwischen einen recht gefestigten Weg, war in meiner Welt, so wie ich sie gestaltet hatte, glücklich. Nie auch nur hatte ich je den Wunsch gehabt, mit einem Mann zusammen zu leben. Der Gedanke war eher erschreckend für mich. Doch ließ mich Jan nicht mehr los. Ich ging zurück.

Am vierten Tag machten wir eine schöne lange Abschiedsrunde, auch sollte es die letzte Runde für Sharon werden, so dachte ich damals, konnte ich doch nicht ahnen, dass sie noch zwei Jahre laufen würde. Das Wetter gab sich nochmal alle Mühe, es war kalt und sonnig. Was wollte man mehr. Wir genossen es in vollen Zügen. Am Auto zurück, schirrte ich meine Jungs aus und musste dann Jan erst mal zwei Meter wegschicken. Ich wollte mich still bei Sharon bedanken, für all die Zeit. In Gedanken zog ich ihr das letzte Mal das Geschirr aus und musste weinen. Jan hatte dafür volles Verständnis und gab mir die Zeit, er selbst hatte seine beiden Hunde sehr geliebt. Doch war ich froh mit Sharon nochmal all dies im letzten Jahr erlebt zu haben, das war einfach unbeschreiblich. Ich war dafür sehr dankbar.

Nächsten Tag vertäute ich dann schon wieder den Schlitten auf dem Auto und wir machten gemütliche Sparziergänge, auch buchten wir meine Fähre für den nächsten Tag von Kristiansand. Ehrlich, es trieb mich hier nicht wirklich weg. Ich fühlte mich schon fast zuhause und der komische Mann zog mich magisch an. Doch Berlin-Hovden wäre eine ganz schöne Strecke für eine Fernbeziehung, wie sollte das gehen? Unmöglich und vollkommen verrückt! Aber hatten wir uns nicht gegenseitig als die Irre und der Verrückte vorgestellt?! Wie sollte es da auch anders kommen.

Danke

Doch erst mal sollte es wieder nach Deutschland gehen. Am Morgen war strahlender Sonnenschein und -25°C, ich wollte nicht weg. Wir frühstückten und ich packte das letzte in mein Auto. Hatte ich es doch gut hier, Sonne, Schnee, einen Gastgeber der für mich kochte, was wollte man mehr. In Deutschland erwartete mich wieder das Unbekannte, wo würde ich nun einen Job finden, es bedrückte mich. Jan bot an dass ich jederzeit zurück kommen könnte, im Sommer hätte ich das Haus auch für mich alleine. Verrückt! Von der Strecke nach Kristiansand bekam ich nicht viel mit, da ich pausenlos heulte. Auf der Fähre wünschte ich mir, sie würde sich einfach verfahren, was sie natürlich leider nicht tat. Die letzte Nacht verbrachte ich mal wieder im Auto in Dänemark, bevor ich dann in Berlin ankam. Missmutig packte ich dort mein Auto wieder aus und fühlte mich glücklich und unglücklich zugleich. Was sollte nun werden?

Norwegen, die Zweite

Natürlich ließ mich Norwegen nicht mehr los. Dafür sorgte Jan. Wir telefonierten jeden Tag bis uns die Ohren abfielen, und ich fand zu seinem Glück keinen Job in Deutschland. So konnte er mich langsam und heimlich überzeugen, eventuell doch im Sommer in Norwegen zu arbeiten, er würde mir schon einen Job besorgen. Ich war hin- und hergerissen, mal sagte ich ja, mal machte ich einen Rückzieher. Jan hoffte, war er doch längst schon in mich verliebt, sagte aber nichts. Es ging mir auch so, aber da ich ein ziemlicher Kopfmensch bin, schoss der dazwischen und sagte es wäre Wahnsinn, war Norwegen ja nicht gerade zwei Stunden entfernt. Doch zog es mich an und das Herz siegte. In mehr oder weniger letzter Sekunde sagte ich zu, so dass Jan dann noch einen ganz schönen Zirkus veranstalten musste, damit ich wirklich einen Job in Hovden bekam. Schlussendlich stellte mich sein Chef bei der Firma, welche die Loipen präpariert, an. Ihm gehörte zu dem Zeitpunkt auch noch die Tankstelle im Dorf. Am 17. Juni brach ich auf und schlief die Nacht in Hirtshals am Strand, mit flauem Magen. Um mich herum standen lauter Urlauber, fröhlich und entspannt auf ihrem Weg in den Urlaub. Ich hingegen fuhr ins Ungewisse, zu einem Job, zu einem Mann. Ich drehte mich.

Morgens ging es dann auf die Fähre in der Hoffnung, sie würde pünktlich anlegen. Ich hatte die Hoffnung nicht auch noch eine Nacht in Kristiansand verbringen zu müssen, denn dort musste ich mich noch schnell beim Finanzamt anmelden. Pünktlich um 14:00 Uhr legte sie an, nun startete ein Wettlauf gegen die Zeit. Ich hatte einen Kartenausdruck, wo ich das Finanzamt finden würde, doch dies schloss um 14:30 Uhr. Um 14:10 Uhr rollte ich von der Fähre, 14:15 Uhr war ich beim Zoll die Hunde anmelden, dort dann raus, durch drei Kreisverkehre, die Straße runter zum Finanzamt und 14:20 Uhr parkte ich vor der Tür und spurtete hinein und zog eine Nummer. Vollkommen aufgelöst konnte ich nun in Ruhe warten und textete in meinem Überschwang irgendwelche Leute zu. Doch nach kurzer Zeit war ich dran und fünf Minuten später alles erledigt. War ich froh, so konnte ich nun relaxed den Rest bis nach Hovden fahren. So kam ich abends dort zwar kaputt, aber glücklich an. Jan ging gleich mit meinen Hunden noch eine Runde, so als wäre ich schon immer hier. Ich hingegen sortierte schon ein wenig meine Sachen im Gästezimmer, wo ich nicht lange alleine bleiben sollte.

Doch vorerst wehrte ich mich noch erfolgreich, unglaubliche drei Tage, gegen die Liebe zu Jan. Mein Job sollte erst Ende Juni beginnen, so dass ich die Tage erst mal in Ruhe genießen konnte. Oft saß ich auf der Terrasse und schaute in die Berge. Ich war einfach entspannt und glücklich. Dann sollte eine große Hürde auf mich zu kommen. Mein neuer Job! Zu dem Zeitpunkt, muss ich erwähnen, sprach ich noch kein Wort Norwegisch und wollte im Service arbeiten. Das nennt man dann lernen auf die harte Tour. So ging ich mit einem ziemlich flauen Gefühl zur Tankstelle, um meinen Job anzutreten. Dort erwartete mich dann Lill, ein aufgewecktes Mädchen, was von hier war. Sie sollte mich die ersten beiden Tage einweisen und dann sollte ich dies alles alleine können. Man muss dazu sagen, dass eine Tankstelle in Norwegen, sowie auch in Schweden, nicht einfach eine Tankstelle ist. Sie ist viel mehr. Sie ist Reparaturwerkstatt, Lebensmittelladen, Restaurant und Treffpunkt. Manchmal kommt auch einer tanken! So musste ich das Bedienen der Kasse in Norwegisch, die Bereitung von Wurst und Hamburgern, das Auffüllen der Regale, etc. in Rekordgeschwindigkeit lernen. Dazu kam natürlich dass ich kein Wort verstand, wenn man mich am Tresen ansprach. Mir platzte der Kopf. Lill gab sich alle Mühe, mir alles einzutrichten. Auch wie die Tanksäulen am Morgen frei zu geben waren. Es war eine ganze Menge. Zudem ist Sonntag die Hölle los, so dass es kaum zu bewältigen war. Ich ging nach den ersten Tagen weinend nach Hause. Ich wusste nicht, wie ich das Chaos dort bewältigen sollte. Lill aber gestand mir, dass es ihr am Anfang nicht anders erging, nur konnte sie dann wenigstens die Sprache. Auch sie arbeitet inzwischen nicht mehr dort, zudem hat der Besitzer gewechselt. Aber bis heute plauschen wir eine Runde, wenn wir uns irgendwo treffen. Doch irgendwann war auch diese Zeit, die langen drei Monate, vorbei. Ich hatte eine Menge erlebt und Jan quasi auf Herz und Nieren geprüft, indem ich mit ihm mehrere kleinere Touren durchs Fjell gemacht hatte. Dinge die halt mein Leben waren. Er musste mit mir im Nirgendwo ohne Zelt schlafen, Berge hoch- und runterkraxeln und meine Hunde lieben. Damit war er der Richtige. Nun hatte ich aber einen Job in Deutschland, direkt im Anschluss zu Norwegen. Was sollte also geschehen? Ich hatte lange auf so einen Job gewartet, es war in der direkten Drogenhilfe, was ich unbedingt machen wollte, aber was sollte mit Jan und mir werden? Zuerst kam er erst mal mit nach Deutschland, da sein fester Job immer erst Mitte November begann. Dies gab uns noch eine gewisse Gnadenfrist. Am 31. August kam ich in Deutschland an und genau am 1. September, den nächsten Morgen, startete ich meinen neuen Job.

Dies war wieder mal wie mit hundert gegen die Wand zu fahren. War ich die letzten Monate behütet im friedlichen Bergdorf gewesen, stand ich nun inmitten der Stadt, machte Streetwork, sprach Obdachlose und Abhängige auf der Straße an und arbeitete im Kontaktladen für Alkohol- und Drogenabhängige. Das war eine Herausforderung. Zuhause wartete immer Jan und bekochte mich, das war wundervoll. Wir begannen im Herbst gemeinsam die Hunde zu trainieren, und er lernte so manch einen meiner Musherkollegen kennen, die ihn auch herzlichst mit den Worten: *„Er solle ja gut zu mir sein, er könne sich sonst nicht tief genug in den Schnee eingraben, um sich zu verstecken"* verabschiedeten. Hart aber herzlich. Ende Oktober machten wir dann aber eine 50 km Trainingsrunde mit den Hunden, und als wir an einer Birke im nassen Herbstlaub saßen und frühstückten, holte ich die Ringe raus, die ich zuvor in Irland bestellt hatte. Ganz einfach, ganz schlicht. Gute vier Monate nachdem wir im Grunde richtig zusammen gekommen waren. Wobei, wer zieht auch schon gleich beim ersten Tag ein!?

Dann jedoch musste Jan natürlich wieder nach Norwegen, und es folgte die zwar kurze, aber harte Zeit einer Fernbeziehung. Hier ein Lobgesang auf die Technik, die mir sonst suspekt ist. Mein Computer und die Leitung von Skype mussten leiden. Doch sollten im neuen Jahr Mittelkürzungen in Spandau stattfinden und somit meine Stelle auf nur noch 50% runter gesetzt werden. Wenn auch wirklich traurig, bekräftigte es meinen Entschluss wieder nach Norwegen zu gehen. Am 1. März stand ich mit Sack und Pack mal wieder an Jan's Tür. Inzwischen hatte er in den Wintermonaten ein Schlafzimmer hergerichtet, schon Silvester, auf einem kurzen Besuch von mir, hatte er in zwei Tagen mit seinem Sohn unser Schlafzimmer umgeräumt, so dass wir alle

Platz hatten. Das Bett war angehoben damit die Hunde darunter ihre Schlafhöhlen bekommen konnten. Es war verrückt. So vergingen die Wintermonate wie im Flug. Wenn ich nicht im Hüttenservice arbeitete, fuhr ich bei Jan im Pistenbulli mit und wir planten unsere Hochzeit.

Unsere Hochzeit im Grünen

Wir sollten dann ein wundervolles altes Forsthaus mitten im Wald finden, das für diese Art von Feiern ausgebaut worden war. Zudem sollte uns dort die Standesbeamtin draußen unter einem Pavillon trauen, es war perfekt. Den Sommer verbrachten wir mit den Vorbereitungen der Hochzeit am 20. September. Wir hatten keine Ahnung wo die Zeit hinging, und so standen wir ein Jahr und drei Monate später vor der Standesbeamtin, die unsere Geschichte vor allen zur Belustigung zum Besten gab und gaben uns das Ja-Wort. Es war eine wundervolle Hochzeit, so wie wir sie uns gewünscht hatten. Sie war in dem kleinen Kreis derer, die uns lange in unserem Leben begleitet hatten. Die, die uns kannten und immer noch mochten. So verrückt wir eben waren.

Nach der Hochzeit flogen wir dann für einen Tag nach Oslo, denn dort und in Bergen gibt es die einzigen zwei Stellen, wo man sich gleich in einem Abwasch behördlich anmelden kann. Die Termine hatten wir zuvor im Internet gebucht. Ich wusste, dass ich mit meiner Hochzeit rechtlich zur Norwegerin wurde, aber als wir dann dort vor Ort nach 15 Minuten durch sämtliche Instanzen durch waren und der Stempel –permanent- auf dem Papier war, wurde mir dann doch ein wenig schwindelig. Nun war ich Norwegerin, mit allen Rechten und Pflichten.

Anfang November gab es dann nochmals eine Hochzeit von der wir gar nichts wussten, denn da ist für mich immer ein schönes Mushertreffen, mit all ihren Hunden, in Eldorado, der Westernstadt in Templin. Ich gehe dort seit Jahren hin und hatte bisher immer Samstagabends eine Feuershow gemacht. Dieses Jahr hatte ich mir eine Auszeit erbeten. Damit wäre es gut gewesen, doch hatte ich die Rechnung nicht mit meinen

Musherfreunden gemacht. So saßen wir Samstagabend im Saloon und plötzlich sprach Rüdiger mit seiner Frau Gabi, es hätten doch zwei geheiratet, ob wir ihr Einverständnis gehabt hätten, nein..., und so fesselten und entführten sie uns. Ich wollte im Boden versinken. Wir mussten uns in alte Westernkleidung umziehen und wurden dann wiederum von Rüdiger und Gabi abgeholt und durch die Stadt geführt. Inzwischen waren alle in die Kirche der Westernstadt umgezogen, und die Stuntmens der Westernstadt bereiteten uns eine sehr verrückte Hochzeit. Der Pfarrer, sowie der Orgelspieler waren betrunken, auch tauchte natürlich eine alte Geliebte von Jan auf. Es war wirklich eine gelungene Überraschung, wenn auch zu lustig, war es zeitgleich für uns unglaublich berührend nochmal vor meinen Musherfreunden getraut zu werden. Jan musste vor der Kirchentüre dann leider noch den Orgelspieler erschießen. Die Ringe unserer zweiten Hochzeit tragen wir nun seit dem um den Hals.

Danach ging es wieder nach Norwegen. Ich hatte mich bewusst für den Winter für keinen festen Job entschlossen, wollte ich doch zum einen norwegisch pauken, und zum anderen ergab sich auch so immer etwas. Ich übersetzte Texte, half am Anfang der Saison mit der Schneeproduktion, malte Ölbilder und machte eine Ausstellung mit ihnen. Auch konnte ich eine bezahlte Schlittenhundetour mit zwei Journalisten machen. So hielt ich mich finanziell über Wasser.

Normaler Gassi-Wahnsinn

Die absolute Freiheit

Zudem fand ich natürlich die Zeit für dieses Buch, sonst wäre es wohl nie entstanden. So sitze ich nun hier, es ist Mitte Mai, und wenn ich aus dem Fenster blicke ist nach wie vor alles schneebedeckt. Ich fahre immer noch zum Entsetzen der Musher in Deutschland meine Runden mit Schlitten und Ski, ist für sie die Saison doch schon lange vorbei. Mein Norwegisch geht so langsam vorwärts, und einmal die Woche gehe ich zu einem Handarbeitstreffen. Hier in Norwegen gibt es speziell einen Verein (Husfidslag), der im ganzen Land in allen Gegenden organisiert ist. Sie versuchen die alten Traditionen und das Weitergeben derer zu erhalten. Dort sitze ich dann und versuche zu stricken, oder anderes, obwohl ich eigentlich vollständig damit beschäftigt, bin das Norwegisch um mich herum zu verstehen. Doch ist es der beste Weg ins Norwegische, sowie in die Gemeinschaft zu kommen. Auch erhalte ich die besondere Ehre, mich mit den Stickereien und der späteren Fertigung einer Tracht (Bunad) zu beschäftigen, denn dies ist sonst Ausländern vorenthalten und nur Einheimischen erlaubt. Sie ist von Ort zu Ort unterschiedlich und wird nur familiär weitervererbt, oder man fertigt sie eben selbst. Dies ist ein wichtiger Bestandteil all dessen, sich über Monate an die Fertigung einer Bunad zu setzen. Bald nun ist Sommer, und ich werde für eine kurze Zeit wieder in Deutschland ein paar meiner Freunde und die Familie besuchen und ihnen den letzten Nerv rauben, mit Geschichten von meinem Norwegen. Doch ein paar werden mit mir träumen und mich auch nächsten Winter wieder hier in der Einsamkeit besuchen. Sie werden kommen und die Stille genießen, sie verstehen und tragen mein Herz.

Unsere Hütte in Hovden

Ende

Der Preis, ja was soll ich sagen. Man wird zum sogenannten Alien, um es kurz zu machen. Aber zu einem sehr glücklichen. Man erhält die Freiheit. Die Freiheit losgelöst von sogenannten Normen zu leben. Erweiterte Sichtweisen zu haben, Dinge mit anderen Augen zu betrachten.

Man findet sich wieder auf Geburtstagspartys und Co, und hat nicht den blassesten Schimmer von dem, was die anderen erzählen. Man wird zwar auch mal höflich angesprochen, oder es gibt auch mal wirklich Interessierte, aber wie kann man die Stille und die Schönheit der Natur ausdrücken. Die Schneestürme, die verregneten Nächte und Tage im Zelt. Die unendliche Einsamkeit, die niemals so klar geatmete Luft! Wenn man Glück hat hören einem Freunde zu und im selben Moment macht man sich mit all seinen Worten zum Alien.

Nur wenige „andere" folgen einem wohin man auch geht. Sie kommen nach Kanada oder auch nach Norwegen. Es sind die Wenigen, die lächeln wenn man redet und in deren Augen sich dann auch dieser ganz spezielle Glanz bildet. Sie, sie verstehen.

Dank

Papa, Mama ihr seid an allem schuld!
Der Grundstein warst du, Mama, als du mit mir für eine Woche nach Whitehorse geflogen bist. Wir haben eine schöne Woche am Tagish Lake verbracht.
Damals, am letzten Tag, saß ich am See und schwor mir wiederzukommen, dann aber für länger. Das Jahr darauf unternahm ich meine kleine Weltreise und entdeckte die Wildnis und die Huskies für mich. Deswegen habe ich meine Fellnasen, meine Kinder. Meine Touren führten mich oft so weit von zuhause weg, und ihr habt wohl so manche schlaflose Nacht verbracht. Aber wegen eurer Unterstützung konnte ich meine kleine, heile Welt finden, meine Ruhe. Deswegen bin ich unter anderem auch mit Hundeschlitten und Zelt durch Schweden gezogen und habe auf der Rücktour an die Tür meines jetzigen Ehemanns geklopft. Ihr seid durch so manchen Wahnsinn mit mir gegangen.
Danke für die Liebe, die ihr meinen Hunden und mir entgegen bringt. Ich liebe euch, DANKE!!!

Nun Ihr meine engsten Freunde! Ihr mein gesammelter Haufen vollkommen Irrer.
Ihr habt mit mir Höhen und Tiefen und den reinsten Wahnsinn erlebt. Habt mich gehalten und auch mal durchgeschüttelt. Und Ihr habt nie an mir gezweifelt auch wenn ich es oft selbst tat. Selbst jetzt, wo wir durch meinen neuen Lebensort oft so weit getrennt sind, lasst ihr mich nie alleine. Nein, ihr kommt sogar bis hierher mit den Worten: *„auch bis ans Ende der Welt"*.
Ich liebe euch, DANKE!!!

Tschüss - Ha det